ORDONNANCE DU ROI,

PORTANT RÈGLEMENT GÉNÉRAL

Concernant les Hôpitaux militaires.

Du 2 Mai 1781.

A PARIS,
DE L'IMPRIMERIE ROYALE.

M. DCCLXXXI.

TABLE DES TITRES
Contenus dans cette Ordonnance.

ORDONNANCE

ORDONNANCE DU ROI,

PORTANT RÈGLEMENT GÉNÉRAL, Concernant les Hôpitaux militaires.

Du 2 Mai 1781.

DE PAR LE ROI.

LE ROI s'étant fait repréfenter toutes les Ordonnances concernant les Hôpitaux militaires, & voulant fixer les incertitudes qu'elles ont laiffé fubfifter fur plufieurs points, SA MAJESTÉ a jugé à propos de raffembler, en un feul corps, toutes les difpofitions, tant anciennes que nouvelles, qui ont été reconnues utiles, & de régler invariablement, en prenant pour bafe l'Ordonnance de 1747, toutes les parties de cette Adminiftration, par une feule loi qui fuppléant toutes celles précédemment rendues fur ce fervice, difpenfât d'y avoir recours déformais : En conféquence, Elle a ordonné & ordonne ce qui fuit :

A

TITRE PREMIER.

De la Réception des Soldats, Cavaliers, Chevaux-légers, Huſſards, Dragons, Chaſſeurs à cheval, &c. dans les Hôpitaux.

ARTICLE PREMIER.

AUCUN Soldat, Cavalier, Chevau-léger, Huſſard, Dragon ou Chaſſeur à cheval, ne ſera reçu dans les Hôpitaux militaires, que ſur un billet contenant ſon nom de famille ou de guerre, ſes qualités de Sergent, Caporal, Grenadier, Chaſſeur, Canonnier, Bombardier, Mineur, Ouvrier, Fuſilier, Maréchal-des-logis, Brigadier, Carabinier, Cavalier, Chevau-léger, Huſſard, Dragon ou Chaſſeur à cheval; le lieu de ſa naiſſance, l'Élection, Bailliage, Sénéchauſſée ou Châtellenie dans le reſſort deſquels ledit lieu ſera ſitué: ce billet devra être ſigné par l'Officier commandant la compagnie, & viſé par celui chargé du détail, ainſi que par le Chirurgien-major du régiment, lequel ſera tenu d'indiquer ſommairement, au dos du billet de chaque homme, la nature de ſa maladie.

2.

CES billets ſeront écrits liſiblement & ſans aucune rature, ſur les cartouches imprimés, qui ſeront envoyés pour cet effet, aux régimens, & dont le modèle eſt annexé à la préſente Ordonnance. Il y ſera fait mention, en toutes lettres, de la date du jour & du mois auxquels ces billets ſeront expédiés & délivrés.

3.

CHAQUE malade, en entrant à l'Hôpital, ſera viſité par les Médecin ou Chirurgien-major, & en leur abſence par le Chirurgien de garde, leſquels vérifieront la nature de la maladie, & jugeront ſi le malade eſt dans le cas d'être admis à l'Hôpital.

4.

D'APRÈS ladite visite, les billets d'entrée seront timbrés, par celui qui l'aura faite, des mots *Fiévreux, Blessé, Vénérien*, suivant la nature de la maladie.

Les billets des entrans seront remis sur le champ au Contrôleur pour être enregistrés, ensuite au Directeur qui les gardera comme pièces justificatives de la réception des malades; lesdits billets seront visés dans le jour par les Médecin & Chirurgien-major, faute de quoi ils seront rejetés comme nuls.

5.

TOUS les Officiers des Troupes du Roi, les Cadets-gentilshommes, Gardes-du-corps, Chevaux-légers, Gendarmes, & tous autres de la Maison militaire de Sa Majesté, seront reçus dans les Hôpitaux militaires, sur un billet qui sera expédié par le Commissaire des guerres, & remis au Directeur de l'Hôpital.

6.

SERONT reçus dans les Hôpitaux militaires, tous les Soldats, Cavaliers, Chevaux-légers, Hussards, Dragons ou Chasseurs à cheval au service du Roi, ainsi que les bas Officiers & Soldats Invalides des compagnies détachées pour la garde des Places, Forts & Citadelles du Royaume, pour être traités, à l'avenir, de toutes maladies de quelque nature qu'elles soient.

7.

LES Soldats de recrue conduits par des Officiers, Sergens ou autres à ce préposés, seront également reçus dans les Hôpitaux militaires, sur les billets qui leur seront expédiés par les Officiers-conducteurs, Commissaires des guerres, Majors des Places ou Subdélégués; lesdits billets seront timbrés du nom des régimens dans lesquels lesdits Soldats, Cavaliers, Chevaux-légers, Hussards, Dragons ou Chasseurs de recrue devront servir.

A l'égard des Soldats de recrue qui se présenteroient seuls, ils ne seront reçus dans lesdits Hôpitaux que sur le vu du certificat d'engagement dont, en ce cas, ils devront être porteurs. Il sera fait mention dudit certificat sur le billet d'entrée, ainsi que du nom de l'Officier ou bas Officier qui l'aura signé.

Le payement des journées de maladie desdits Soldats de recrue, sera acquitté, conformément à ce qui est prescrit en l'article 10 du Titre XXI de la présente Ordonnance.

8.

DÉFEND Sa Majesté auxdits Commissaires des guerres, Majors des Places ou Subdélégués, d'expédier aucun billet à tout prétendu Soldat, Cavalier, Chevau-léger, Hussard, Dragon ou Chasseur à cheval qui se présentera seul & sans preuve d'engagement; leur enjoint au contraire de le faire livrer aux Officiers de Maréchaussée, qui l'examineront & en ordonneront, ainsi que de raison.

9.

LES Maréchaux-des-logis, Brigadiers & Cavaliers de Maréchaussée, seront reçus dans les Hôpitaux militaires, sur un billet d'entrée signé du Commandant de la Brigade.

10.

LES bas Officiers & Soldats des régimens des Grenadiers-royaux & Provinciaux, & les Gardes-côtes, y seront reçus pareillement, pendant le temps seulement de l'assemblée des Corps. Il sera expédié, pour les uns & pour les autres, des billets d'entrée dans la forme prescrite ci-dessus pour toutes les Troupes.

11.

DANS le cas où les Troupes en marche laisseroient en arrière des traîneurs, qui, se trouvant malades, ne pourroient prendre de leurs Officiers des billets d'entrée dans

dans la forme ci-dessus, les Commissaires des guerres, ou les Subdélégués des Intendans des Provinces, en l'absence des Commissaires des guerres, ou enfin au défaut de ces derniers, les Commandans ou Majors des Places dans lesquelles ou près desquelles lesdites Troupes auront passé, expédieront sur les mêmes cartouches qui leur seront fournis, les billets d'entrée qu'ils signeront pour les Capitaines, Majors ou autres Officiers chargés du détail du régiment, & ils en donneront sur le champ avis à l'un de ces Officiers.

12.

A l'égard des Soldats, Cavaliers, Chevaux-légers, Hussards, Dragons ou Chasseurs à cheval, absens par congé ou sortant des Hôpitaux, qui tomberont ou retomberont malades avant l'expiration de leurs congés, ou en revenant joindre leur corps, il ne leur sera expédié de billets d'entrée par les Commissaires des guerres, Majors des Places ou Subdélégués, que sur le vu du congé de semestre ou limité, ou du certificat de convalescent dont ils devront être porteurs.

13.

DÉFEND Sa Majesté auxdits Commissaires des guerres, Majors des Places, ou Subdélégués des Intendans, d'expédier aucun billet d'entrée à aucun Soldat, Cavalier, Chevau-léger, Hussard, Dragon ou Chasseur à cheval, dont la compagnie ne sera point en garnison dans la Place ou en quartier dans les environs, ou qui n'y aura point passé en route; à moins que ledit Soldat, Cavalier, &c. ne soit porteur d'un billet de sortie ou d'un congé limité expédié dans la forme prescrite par les Ordonnances; ce dont ils devront faire mention dans les billets d'entrée qu'ils lui délivreront.

14.

PERMET neanmoins Sa Majesté d'admettre au traitement, dans les Hôpitaux, tout Soldat réformé se rendant à l'Hôtel royal des Invalides ou se retirant chez lui, pendant six semaines seulement, à compter de la date de son congé absolu ou de réforme; & les dépenses dudit traitement seront portées en entier au compte du Roi; bien entendu que lesdits Soldats réformés qui auront été reçus dans ledit délai, pourront être conservés dans lesdits hôpitaux tout le temps que les Médecins & Chirurgiens-majors jugeront nécessaire de les y faire rester.

15.

LES Invalides partant de l'Hôtel pour se rendre aux compagnies détachées, ou sortant desdites compagnies pour revenir à l'Hôtel, ne jouissant d'aucune solde, seront reçus & traités au compte du Roi.

16.

ENJOINT Sa Majesté aux Commissaires des guerres, Majors des Places ou Subdélégués, de faire arrêter & constituer prisonnier tout Soldat, Cavalier, Chevau-léger, Hussard, Dragon ou Chasseur à cheval, porteur d'un congé limité, expiré depuis un temps assez considérable, pour le faire présumer libertin, vagabond ou déserteur; comme aussi tout Soldat, Cavalier, Chevau-léger, Hussard, Dragon ou Chasseur à cheval, porteur d'un billet de sortie d'un Hôpital, d'ancienne date, & qui ne se trouvera pas sur la route dudit Hôpital pour aller rejoindre son Corps, sauf le cas néanmoins où ledit Soldat, Cavalier, Chevau-léger, Hussard, Dragon ou Chasseur à cheval, justifieroit d'une excuse légitime, soit par écrit, soit par le témoignage de gens non suspects.

17.

ENJOINT pareillement Sa Majesté auxdits Commissaires des guerres, Majors des Places ou Subdélégués, de faire arrêter tous Soldats, Cavaliers, Chevaux-légers, Hussards, Dragons ou Chasseurs à cheval, dont les régimens auront passé sur la route, & qui se trouveront en arrière de plus de trois jours, sauf le cas d'une excuse légitime justifiée comme dessus.

18.

LESDITS Commissaires des guerres, Majors des Places & Subdélégués qui auront fait arrêter un ou plusieurs Soldats, Cavaliers, Chevaux-légers, Hussards, Dragons ou Chasseurs à cheval, dans les cas exprimés dans les deux articles précédens, en donneront avis sur le champ au Commandant de la Province, & au Secrétaire d'État ayant le département de la Guerre.

19.

LE jour d'une bataille, la formalité des billets n'étant pas compatible avec la célérité qu'exige le service, les Soldats, Cavaliers, Chevaux-légers, Hussards, Dragons ou Chasseurs blessés, seront envoyés & reçus dans l'Hôpital ambulant de l'armée, ainsi que dans les plus prochains, sans billet; mais dans le cours de la huitaine suivante, chaque Corps ou Régiment sera tenu de députer un Officier pour aller dans lesdits hôpitaux reconnoître lesdits Soldats, Cavaliers, &c. qui y auront été transportés; & pour lors, ledit Officier député expédiera le billet de chaque Soldat, Cavalier, Chevau-léger, Hussard, Dragon ou Chasseur à cheval; dans lequel billet il fera mention de la date de l'action, & signera en sa qualité de Député.

20.

FAUTE par les corps ou régimens d'avoir fait expédier par l'Officier député, les billets d'entrée dans la huitaine, les Officiers desdits corps ou régimens en demeureront responsables en leur nom, & le traitement en entier des Soldats, Cavaliers, Chevaux-légers, Hussards, Dragons ou Chasseurs à cheval, leur sera retenu.

21.

Les prisonniers de guerre, malades ou blessés qui seront envoyés dans les Hôpitaux du Roi, y seront reçus sur un état contenant, autant que faire se pourra, les noms des régimens & des compagnies, les noms de famille & de guerre, avec les qualités & les lieux de la naissance : cet état sera fait par le Commissaire des guerres, en présence du Major de la Place, qui le signera, & auquel il en sera remis un double, s'il le requiert. Au bas de cet état ledit Commissaire expédiera l'ordre au Directeur de recevoir lesdits prisonniers dans l'hôpital, & ledit état tiendra lieu de billets d'entrée.

22.

Les prisonniers à la garde du Prévôt de l'armée, seront aussi reçus dans les Hôpitaux du Roi, sur le billet dudit Prévôt, qui sera visé par le Contrôleur, & ensuite remis au Directeur pour le garder & servir de pièce justificative de l'entrée desdits prisonniers à l'Hôpital.

23.

Les prisonniers de guerre, ainsi que ceux qui seront conduits aux Hôpitaux, sur les billets du Prévôt, seront consignés à la garde de l'hôpital ; & l'Officier qui la commandera, mettra des sentinelles dans les salles, autant qu'il en sera besoin.

TITRE II.

Du transport des Malades & Blessés d'un Hôpital dans un autre.

ARTICLE PREMIER.

Lorsque les malades d'un Hôpital surchargé, seront envoyés dans un autre Hôpital, le Directeur de l'Hôpital d'où ils sortiront fera passer avec eux, au Directeur de l'Hôpital où ils seront tranférés, un état contenant le nom de leur régiment, celui de leur compagnie, leurs qualités, leurs noms de famille & de guerre, les lieux de leur naissance, les Élections, Bailliages, Sénéchaussées & Châtellenies dans le ressort desquels lesdits lieux sont situés, & la date de leur entrée, conformément aux billets

billets de leur réception : cet état sera visé par le Commissaire des guerres, & contrôlé par le Contrôleur, s'il y en a.

2.

Le Directeur, en expédiant l'état de transport ou évacuation ci-dessus, fera mention sur le registre des entrées à l'Hôpital, de la sortie des malades ou blessés qui auront été transférés, & de l'Hôpital où ils auront passé ; au moyen de quoi les Officiers seront instruits, quand ils le requerront, de ce que seront devenus leurs Soldats.

3.

L'État d'évacuation tiendra lieu de billets d'entrée dans l'Hôpital où les malades auront été transférés, après néanmoins qu'il aura été vérifié par le Commissaire des guerres dudit Hôpital, & contrôlé par le Contrôleur, s'il y en a ; lesquels feront mention au bas dudit état, des malades ou blessés qui se seroient échappés ou qui seroient morts pendant la route, suivant la déclaration de ceux qui les auront conduits : cet état sera remis ensuite au Directeur, pour être par lui enregistré & gardé comme pièce justificative de l'entrée des Soldats, Cavaliers, Chevaux-légers, Hussards, Dragons ou Chasseurs à cheval.

4.

L'Évacuation des malades ou blessés d'un Hôpital dans un autre, ne sera ordonnée que dans le cas d'une nécessité absolue ; on n'y comprendra que les malades ou blessés qui seront en état de soutenir la fatigue du chemin, ou le mouvement du transport ; ils seront choisis à cet effet, par les Médecin & Chirurgien-major, d'après les ordres qu'ils auront reçus du Commissaire des guerres.

5.

Il ne sera fait aucun envoi de malades ou blessés d'un Hôpital dans un autre, que préalablement le Commissaire des guerres & le Contrôleur de l'Hôpital où lesdits malades ou blessés devront passer, n'en aient été avertis, en obſervant de leur donner un temps ſuffiſant pour qu'ils puiſſent faire préparer tout ce qui eſt néceſſaire pour les recevoir; & conformément à l'article 25 du titre VIII ſuivant, envoyer vers le milieu de la route, la halte en bouillon, boiſſon & alimens.

6.

CHAQUE envoi de malades ou bleſſés ſera toujours accompagné d'une quantité de Chirurgiens & Infirmiers proportionnée à leur nombre, afin qu'ils puiſſent recevoir en chemin les ſecours dont ils auront beſoin.

TITRE III.

De l'Armement, Habits, Argent & autres Effets des Malades, à leur entrée ou ſortie des Hôpitaux.

ARTICLE PREMIER.

LE Directeur de chaque Hôpital, en préſence du Contrôleur ou du Commis aux ſalles, fera un mémoire des armes, habit, argent, effets que chaque Soldat, Cavalier, Chevau-léger, Huſſard, Dragon ou Chaſſeur à cheval, aura apportés à l'Hôpital : ce mémoire qui contiendra la date du jour de l'entrée, ſera ſigné par le Contrôleur ou Commis aux ſalles, & ſera fait double; dont l'un demeurera attaché auxdits effets, pour ſervir d'étiquette dans le magaſin où ils ſeront dépoſés ; l'autre ſera remis audit malade, pour retirer à ſa ſortie ce qu'il aura apporté, ou ſervira à en conſtater l'objet s'il vient à mourir.

2.

EN cas de plainte de la part du Soldat, Cavalier, Chevau-léger, Huſſard, Dragon ou Chaſſeur, de la rétention des effets par lui apportés, le Commiſſaire des guerres lui fera rendre juſtice.

3.

Il sera permis à chaque Soldat, Cavalier, Chevau-léger, Hussard, Dragon ou Chasseur, de garder dans les salles ce qu'il jugera lui être nécessaire, à l'exception néanmoins des armes & de l'argent monnoyé; & en ce cas, il en sera fait mention sur l'un & l'autre mémoires.

4.

AUSSI-TÔT que le Contrôleur ou Commis aux salles aura connoissance de la mort de quelque Soldat, Cavalier, &c. il se fera sur le champ représenter par l'Infirmier, le mémoire & les effets que ledit Soldat avoit gardés pour son usage, & il les fera rejoindre aux autres dans le magasin à ce destiné.

5.

LES Infirmiers demeureront responsables des effets gardés par les malades pour leur usage, lesquels se trouveroient avoir été détournés; le Contrôleur ou le Commis aux salles en rendra compte au Commissaire des guerres, pour les faire punir suivant l'exigence des cas.

6.

LE Contrôleur ou Commis aux salles, dans l'instant de la remise faite par l'Infirmier, du mémoire d'armes, argent & effets appartenans au Soldat, Cavalier, Chevau-léger, Hussard, Dragon ou Chasseur décédé, ainsi que des autres effets trouvés près de lui, écrira sur ledit mémoire le jour de la mort, & le remettra au Commissaire des guerres qui l'enverra au régiment, pour en instruire les Chefs.

7.

L'ARMEMENT, habillement, argent ou autres effets appartenans aux Soldats décédés, seront remis, sur les ordres du Commissaire des guerres, à ceux qui seront chargés par les Régimens, de représenter les mémoires signés par les Directeurs, & ce, dans l'an & jour de la date desdits mémoires, passé lequel temps ils demeureront nuls, & le Commissaire des guerres ayant la police de l'Hôpital, rendra compte des effets qui n'auroient point été réclamés, à l'Intendant de la Province, qui lui fera connoître les intentions du Roi, sur la destination des armes & effets.

TITRE IV.

De la distribution des Malades dons les salles des Hôpitaux

ARTICLE PREMIER.

IL sera désigné dans chaque Hôpital, suivant la disposition des lieux, différentes salles pour y traiter les différentes espèces de maladies, en observant que celles qui seront affectées aux maladies contagieuses & aux maux vénériens, soient sans communication avec les autres, ou au moins en soient le plus éloignées; ce qui se pratiquera pour les Hôpitaux qui s'établissent à la suite des Armées, autant qu'il sera possible.

2.

POUR prévenir la communication des maladies contagieuses, le Médecin chargera le Chirurgien de garde, de placer ceux qui en sont attaqués, chacun dans le lieu qui lui conviendra, suivant l'espèce de sa maladie; & au cas que lors de la visite, il reconnût que quelque malade eût été mal placé, il le fera passer sur le champ, dans le lieu où il auroit dû être mis.

3.

LE Médecin n'admettra, ni ne souffrira pareillement, parmi les malades soumis à son traitement, aucun de ceux attaqués de mal vénérien; il les renverra au Chirurgien-major pour en faire la visite, & les faire placer dans les lieux à eux affectés.

4. LES

4.

LES Officiers & ceux traités comme tels, de même que les Cadets-gentilshommes, seront placés dans les salles particulières qui leur seront destinées.

5.

LES lits, dans chacune des salles, seront numérotés, pour la facilité des visites des Médecins, Chirurgiens-majors & Apothicaires, ainsi que pour la distribution des alimens & médicamens.

6.

TOUS les malades, sans exception, seront couchés seuls, jusqu'à concurrence du nombre de lits fixé pour chaque hôpital; en conséquence, il ne sera plus permis, excepté dans les cas de foule, de coucher deux malades dans le même lit; & si l'on y étoit forcé par l'affluence des malades, le doublement devra se faire successivement par les malades qui pourroient être couchés deux à deux, avec le moins d'inconvéniens. Mais, dans tous les cas, les blessés, & notamment les blessés de grandes blessures, seront toujours couchés seuls, & même en temps de guerre, sur des fournitures entières, autant qu'il sera possible.

TITRE V.

Des visites des Médecin & Chirurgien-major.

ARTICLE PREMIER.

LES visites des Médecins se feront régulièrement à sept heures du matin, du 1.er Octobre au 1.er Mai; ou plus tôt, si le nombre des malades l'exige, pour que la distribution des remèdes se fasse toujours au moins une heure avant celle des alimens. Le Chirurgien-major fera son pansement un peu avant la visite du Médecin, afin que s'il y avoit quelque cas grave, comme fièvre & maladie chronique, ils puſſent en conférer enſemble & agir, en tout, pour le bien du ſervice. Les uns & les autres feront leur ſeconde viſite à quatre heures de l'après-midi.

2.

INDÉPENDAMMENT des viſites du matin & du ſoir, veut Sa Majeſté qu'ils en faſſent d'autres, toutes les fois que la gravité des maladies ou des bleſſures l'exigera. En conſéquence Elle ordonne au Chirurgien de garde, dans tous les cas graves & périlleux, de faire avertir les Officiers de ſanté ſupérieurs, pour qu'ils ſe rendent à l'Hôpital, ſans retard, à l'effet de donner à ces malades & bleſſés tous les ſecours dont l'application différée pourroit entraîner des ſuites fâcheuſes.

3.

LES Médecin & Chirurgien-major ſeront devancés à l'Hôpital par les Chirurgiens & Apothicaires-élèves, qui s'y rendront, avant la viſite du matin, pour préparer les cahiers de celle du jour, par ordre de numéro & par nom des malades qui occuperont chaque lit : ces cahiers, ſur leſquels leſdits Élèves devront écrire, ſous la dictée des Médecin & Chirurgien-major, la formule de leurs ordonnances ſeront de douze feuilles de papier, liées, dans les grands Hôpitaux, & de ſix feuilles ſeulement dans les autres.

4.

LES Médecin & Chirurgien-major auront toujours devant les yeux, en faiſant leur viſite, le cahier de celle du jour précédent (indépendamment du tableau, dont il ſera parlé ci-après), afin d'obſerver plus ſûrement ſi le malade ou bleſſé aura été traité, tant pour les alimens que pour les remèdes, comme il avoit été ordonné, & pour juger de leur effet.

5.

POUR faciliter leſdites viſites des Médecin & Chirurgien-major, il ſera attaché au lit de chaque malade un tableau, dont le modèle eſt ci-annexé, contenant en titre le numéro du lit, le nom du malade, le genre & l'époque de sa maladie & le jour de son entrée à l'Hôpital: ce tableau sera divisé en plusieurs colonnes, dans lesquelles les Officiers de santé, ou les Élèves sous leurs ordres, porteront, chaque jour, les alimens & médicamens ordonnés, ainsi que les symptômes & variations de la maladie.

6.

LORSQUE ce tableau, destiné à mettre journellement sous les yeux des Officiers de santé, l'état de chaque malade, le cours de sa maladie & le détail des moyens curatifs qui auront été successivement employés, sera rempli avant la guérison, il y sera suppléé par un tableau pareil, & par d'autres encore s'il en est besoin, jusqu'à la sortie du malade, de l'Hôpital; & ces tableaux resteront à la disposition du Contrôleur ou du Directeur, pour être représentés à qui il appartiendra.

7.

LE Médecin sera accompagné, lors de sa visite, d'un Élève-chirurgien, qui lui rendra compte des cas relatifs à la Chirurgie, & écrira, sur son cahier, les saignées ou topiques qui seront ordonnés, & le régime qui sera prescrit.

8.

IL sera pareillement suivi d'un Apothicaire, qui lui rendra raison des effets des remèdes ordonnés précédemment, de l'administration desquels il aura été particulièrement chargé; cet Apothicaire écrira sur son cahier les ordonnances du Médecin.

9.

L'INFIRMIER de garde & celui de chaque quartier suivront aussi, pour recevoir les ordres du Médecin, concernant les malades.

10.

LE Chirurgien-major visitera les blessés, immédiatement après le pansement, afin que l'idée plus récente de l'état où il aura trouvé leurs blessures, lui serve à régler ensuite plus judicieusement la qualité & quantité des alimens, & à ordonner les remèdes convenables & nécessaires. Il sera accompagné, de même que le Médecin, par un Élève-chirurgien, & par un Apothicaire qui écriront ses ordonnances, lit par lit, & blessé par blessé, & suivi par les Infirmiers de garde & de quartier, qui recevront ses ordres.

11.

LES Médecin & Chirurgien-major, signeront & dateront journellement leurs visites sur les cahiers que tiendront les Élèves-chirurgiens & Apothicaires.

12.

AUSSI-TÔT que les visites seront finies, les Élèves qui les auront suivies, se rassembleront en présence des Médecin & Chirurgien-major, pour collationner le cahier écrit par l'un, sur celui écrit par l'autre. L'Élève-chirurgien fera un relevé des ordonnances concernant le régime, conformément à l'article 5 du titre VIII; après l'avoir signé, il le remettra au Directeur, pour qu'il veille à leur exacte observation; l'Apothicaire ira de son côté porter son cahier à la Pharmacie, où les remèdes ordonnés seront préparés pour être ensuite distribués dans les salles.

13.

LORSQUE les cahiers de visite seront remplis, ils seront remis tant par le Chirurgien que par l'Apothicaire, au Directeur, qui les conservera pour les représenter au besoin.

14.

ATTENDU qu'il n'appartient qu'au Médecin & au Chirurgien-major, de régler les médicamens & le régime des malades ou blessés, chacun en ce qui les concerne: Défend Sa Majesté à toutes personnes, même aux Officiers de ses Troupes, de s'opposer à l'exécution des ordonnances desdits Médecin & Chirurgien-major, ni de prescrire rien de leur propre mouvement sur ce service.

TITRE VI.

TITRE VI.

Des Opérations & Pansemens.

ARTICLE PREMIER.

LE Chirurgien-major fera toutes les opérations de conséquence, sans les confier à ses Elèves, & s'il leur arrivoit d'en faire quelques-unes de cette espèce, ou de changer aucun remède ou régime, de leur autorité ou sans ordre, ils seront sur le champ privés de leur emploi.

2.

LES Chirurgiens-majors pourront néanmoins, de l'agrément du Commissaire des guerres, permettre aux Aides majors-chirurgiens, ou Sous-aides-majors, de faire, mais toujours sous leurs yeux, les opérations dont ils les jugeront capables.

3.

LE Médecin sera averti par le Chirurgien-major, pour assister à toutes les grandes opérations de Chirurgie, de même que de sa part le Médecin avertira ledit Chirurgien-major, dans les cas qui le requerront, & ils se concerteront ensemble, sur tout ce qui sera relatif au soulagement & à la guérison des malades & blessés.

4.

LE Chirurgien-major pansera ou fera panser les blessés, autant de fois qu'il sera nécessaire; il tiendra la main à ce que les pansemens ne soient commencés, que lorsque tous ses appareils seront prêts, afin de ne point exposer les plaies & ulcères à l'impression de l'air; il aura soin de faire brûler du genièvre ou autres parfums, devant & pendant le pansement.

5.

LES Élèves-chirurgiens qui suivront les pansemens &

visites des Chirurgiens-majors, auront soin de tenir leurs appareils prêts & suffisamment garnis de bandes, compresses & onguens usuels, le tout dans la plus grande propreté; & l'Aide-major, le Sous-aide-major ou le premier Élève, sera spécialement chargé de veiller à ce que les appareils soient toujours disposés, dès la veille, pour servir au moment du besoin, ce dont ils répondront personnellement.

6.

FAIT Sa Majesté très-expresses inhibitions & défenses aux Directeurs de ses Hôpitaux, de fournir pour le pansement de quelque blessure que ce puisse être, ou pour les compositions de médicamens, aucunes eaux-de-vie de grain, à peine de quinze cents livres d'amende, & de punition exemplaire en cas de récidive : défend pareillement aux Chirurgiens & Apothicaires de s'en servir, à peine de destitution de leur emploi; leur enjoint, au cas qu'on leur en présente, d'en avertir sur le champ le Commissaire des guerres, afin qu'il en dresse son procès-verbal; & audit Commissaire des guerres, d'envoyer ledit procès-verbal au Secrétaire d'État ayant le département de la Guerre, & à l'Intendant de la Province, pour y statuer ainsi qu'au cas appartiendra.

TITRE VII.

Des Amphithéâtres & Cours de Médecine & de Chirurgie dans les principaux Hôpitaux.

ARTICLE PREMIER.

LES Amphithéâtres de Lille, Metz & Strasbourg n'ayant été supprimés, que parce qu'il avoit été représenté qu'ils étoient insuffisans pour l'objet de leur destination, Sa Majesté a reconnu que, soit en leur donnant plus d'étendue, soit en augmentant leur nombre, de même que celui de Sujets qui y seroient admis à l'avenir, Elle trouveroit dans cette institution tous les avantages qu'Elle en attendoit. En conséquence, Elle a jugé à propos de rétablir les Amphithéâtres de Lille, Metz & Strasbourg, & d'en établir deux nouveaux, l'un à Brest & l'autre à Toulon; voulant qu'ils soient dirigés conformément au Règlement de ce jour, où Elle a prescrit tout ce qui les concerne.

2.

Il sera fait chaque année, dans lesdits Amphithéâtres, des Cours de Médecine, Chirurgie, Anatomie, Pharmacie, Chimie & Botanique; & l'objet de ces établissemens étant de former des Sujets instruits pour le service des Hôpitaux militaires & des Armées, veut Sa Majesté que toutes les places vacantes de Médecins titulaires, de Chirurgiens-majors des Hôpitaux & des Régimens, d'Aides-majors, Sous-aides-majors & Élèves-chirurgiens & Apothicaires appointés dans les Hôpitaux militaires du royaume, ne soient remplies à l'avenir que suivant les formes établies par le susdit Règlement.

3.

Indépendamment des Cours établis dans les Amphithéâtres, il en sera fait dans les différens Hôpitaux par les Médecin & Chirurgien-major, afin d'entretenir les Élèves qui sont sous leurs ordres dans l'exercice de leur art. En conséquence, le Médecin fera tous les ans un Cours de Médecine; le Chirurgien-major, pendant l'hiver, un Cours d'Anatomie & d'Opérations; & pendant l'été, un Cours d'Ostéologie & de Bandages, auxquels tous les Élèves seront tenus d'assister.

4.

Pourront les Médecin & Chirurgien-major admettre à ces Cours, des Élèves de la ville, avec l'agrément du Commissaire des guerres, qui en limitera le nombre.

TITRE VIII.

Des Alimens & de leur diſtribution.

ARTICLE PREMIER.

LA portion d'alimens, pour chaque malade ou bleſſé, ſera, comme elle a toujours été, par jour, d'une livre de viande, poids de marc, deux tiers de bœuf & l'autre tiers de veau ou de mouton; laquelle livre, cuite & ſans os, reviendra à dix onces; de vingt-quatre onces de pain, entre le bis & le blanc, auſſi poids de marc, de pur froment, & d'une chopine de Paris, vin blanc ou rouge, avec le ſel & le vinaigre néceſſaires.

2.

IL ſera auſſi fourni par les Directeurs, des œufs dans les bouillons, des œufs frais, de la tiſane commune pour les boiſſons ordinaires, de la panade, du lait, de la bouillie, du riz & des pruneaux, mais dans le cas ſeulement où ces alimens auront été ordonnés comme régime par les Médecin & Chirurgien-major, attendu que leſdites denrées ne ſont point partie de la portion ordinaire.

3.

A l'égard des Officiers, il leur ſera fourni le double en valeur; mais pour éviter toutes difficultés ſur ce point, les Médecin & Chirurgien-major, d'après le régime qu'ils croiront devoir preſcrire à chacun deſdits Officiers, règleront, avec l'approbation du Commiſſaire des guerres, ce qui devra être mis de viande à la marmite pour eux, les légers alimens & la quotité de pain qui leur ſeront fournis; de manière que le Directeur de l'Hôpital puiſſe connoître préciſément, d'après les feuilles de viſite, ce qu'il devra donner en alimens ou légers alimens, aux Officiers malades.

4. LORSQUE

4.

LORSQUE les Médecin & Chiurgien-major jugeront l'usage du bouillon gras nuisible à quelques malades, & trouveront à propos d'y substituer un autre régime, ils remettront au Contrôleur, la veille du jour où ce régime devra commencer, l'état des malades auxquels ils l'auront prescrit, afin qu'il en prévienne sur le champ le Directeur, qui, dans ce cas, sera dispensé de fournir la viande pour lesdits malades, à charge par lui d'y suppléer par la fourniture de ce qui aura été prescrit par les Médecins & Chirurgiens. Les Contrôleurs en feront l'observation sur les états de mouvement, qu'ils remettront chaque jour au Commissaire des guerres.

5.

LES alimens, pour la journée entière du malade, seront fixés, dans la visite du matin, par les Médecin & Chirurgien-major, sur les feuilles de ladite visite, lesquelles seront partagées par des colonnes où seront inscrits d'un côté les alimens du matin, & de l'autre les alimens du soir, conformément au modèle annexé à la présente Ordonnance.

6.

LA viande sera belle, bien saignée & de bonne qualité, sans qu'il puisse y être admis de têtes, cœurs, fressures & pieds; elle sera examinée par le Contrôleur lors de la livraison, & au cas qu'il la trouve défectueuse, il en avertira, sur le champ, le Commissaire des guerres, ou au défaut du Commissaire des guerres, le Major de la Place, ou autre personne publique.

En cas de défectuosité, il en sera dressé procès-verbal, & la viande jetée à la rivière, ou enterrée en présence de témoins, sera remplacée par d'autre de la plus belle qualité, prise dans les boucheries de la Ville, aux frais du Directeur, qui aura son recours sur ledit Boucher; lequel sera condamné, pour avoir fourni de la mauvaise viande, à la perte du prix d'icelle, & à une amende de vingt-

TITRE VIII.

quatre livres pour la première fois, applicable aux pauvres du lieu; & en cas de récidive, de cinquante livres, & à la résiliation de son marché.

7.

LES pesées de la viande du matin & du soir, seront faites en présence du Contrôleur ou du Commis aux salles, & seront proportionnées au nombre des malades, blessés, infirmiers, & des Chirurgiens & Employés, qui ne recevront pas leur nourriture en argent, à raison d'une demi-livre pour chacun, par chaque pesée; observant de les augmenter ou diminuer, eu égard au nombre de ceux qui seront entrés ou sortis La pesée étant faite exactement, la viande sera mise dans un lieu, dont la clef sera donnée au Sergent de garde; & à l'heure accoutumée, le Sergent se trouvera présent, pour faire ouverture du lieu où ladite viande aura été déposée; elle en sera tirée & mise dans la marmite devant lui. Il y aura toujours une Sentinelle postée à la cuisine, à qui il sera ordonné de ne laisser tirer de la marmite aucun morceau jusqu'à la cuisson parfaite.

8.

S'IL arrivoit qu'à l'heure de la pesée le Boucher n'eût pas pris ses précautions pour fournir la quantité de viande nécessaire, il en sera acheté de la plus belle aux frais de qui il appartiendra; & le Boucher sera condamné par le Commissaire des guerres en dix-huit livres d'amende applicable comme dessus.

9.

LE pain sera de pur froment, de bonne qualité; celui qui se trouvera fort peu cuit, ou brûlé, sera rejeté; & au cas qu'il soit mêlé de seigle ou autres grains, le Contrôleur, ou le Commis aux salles en avertira le Commissaire des guerres qui le fera visiter, en dressera procès-verbal, en fera fournir d'autres aux frais du Boulanger ou du Directeur; & suivant l'exigence du cas, ils seront condamnés en cent livres d'amende, sauf plus grande peine s'il y échet.

10.

Le vin rouge & blanc pourra être du pays, choisi de bonne qualité & vieux, autant qu'il sera possible; & si à la rigueur l'on n'en pouvoit fournir que de la dernière récolte, la distribution n'en commencera au plus tôt qu'au 1.er Avril suivant. Les malades attaqués de cours de ventre & dyssenterie, ne seront fournis que de vin rouge; & le vin blanc sera donné aux autres malades, à l'exception néanmoins des cas où l'usage du vin blanc auroit été interdit par l'ordonnance du Médecin ou du Chirurgien-major.

11.

Dans les pays qui ne produisent point de vin, il pourra y être suppléé par l'usage de la bière, à la charge néanmoins qu'il sera donné du vin aux malades ou blessés comme remède ou potion cordiale, lorsqu'il sera ainsi ordonné par les Médecin ou Chirurgien-major.

12.

Les caves, celliers & magasins de la direction seront visités, au moins une fois par mois, par le Commissaire des guerres, assisté du Contrôleur, du Médecin & du Chirurgien-major; & au cas qu'il s'y trouve du vin défectueux ou gâté, le Commissaire des guerres le fera répandre en leur présence, & en ordonnera le remplacement; il en sera usé de même à l'égard de la bière.

13.

L'heure de la distribution des alimens sera fixée, dans chaque Hôpital, à dix heures du matin pour le dîner, & à quatre ou cinq heures du soir pour le souper; laissant néanmoins Sa Majesté, au Commissaire des guerres, la liberté de changer quelque chose à cette fixation, de concert avec le Médecin & le Chirurgien, suivant l'exigence des cas.

14.

La viande étant cuite vers l'heure fixée pour la distribution, elle ſera coupée par portions en préſence du Contrôleur ou du Commis aux ſalles & du Sergent de garde qui ſera appelé à cet effet. Il en ſera uſé de même pour les portions de pain & de vin. Le Contrôleur ou le Commis aux ſalles goûtera le bouillon pour connoître s'il eſt bon, ainſi que le pain, la viande & le vin; & s'il y trouve quelque choſe de défectueux, il en avertira, ſur le champ, le Commiſſaire des guerres, afin qu'il donne ſes ordres pour y remédier.

15.

Les Médecin & Chirurgien-major aſſiſteront pareillement, ſoit dans la cuiſine, ſoit dans les ſalles, à la diſtribution des portions, pour les goûter, & avertir le Commiſſaire des guerres s'ils y trouvent quelque défectuoſité. Enfin le Commiſſaire goûtera auſſi tous les jours, leſdites portions, ou au moins auſſi ſouvent que ſes fonctions pourront le lui permettre.

16.

Les portions ſeront portées & diſtribuées dans les ſalles par les Infirmiers, chacun dans leur quartier.

17.

Il y aura toujours un Chirurgien préſent à la diſtribution des alimens, lequel tiendra la main à ce que chaque malade ou bleſſé ait ce qui lui aura été ordonné; en obſervant d'interdire l'uſage des alimens ſolides à ceux à qui la fièvre ſera ſurvenue depuis la viſite du Médecin ou du Chirurgien-major.

18.

La diſtribution ne ſera faite aux Infirmiers & autres, compris dans la peſée, qu'après que la diſtribution des malades ſera entièrement terminée; & la viande qui reſtera, pour lors, des portions des malades, ſera partagée entre les Infirmiers & Servans.

19.

Il ſera néanmoins réſervé à chaque diſtribution, dans les

les grands Hôpitaux, quelques portions de celles reſtantes en viande, pour être données aux entrans s'il en eſt beſoin, durant l'intervalle des deux diſtributions; mais à la diſtribution ſuivante, les portions de réſerve qui n'auront point été conſommées ſeront réunies à celles des Infirmiers; & la même réſerve continuera de ſe faire ſur les portions qui pourront reſter après la dernière diſtribution.

20.

LES malades à la diète devant avoir trois ou quatre bouillons par jour, ſuivant les ordonnances du Médecin ou Chirurgien-major, le Contrôleur & les Commis aux ſalles veilleront à ce qu'ils leur ſoient exactement fournis; & ils feront fournir avec la même exactitude, les œufs, panade, bouillie, riz, pruneaux, lait & tiſane, à ceux auxquels ils auront été preſcrits pour régime. La diſtribution de ces alimens ſera faite dans chaque ſalle, par les Élèves-chirurgiens.

21.

LE Commiſſaire des guerres aſſiſté du Contrôleur, fera, au moins une fois par mois, & aux jours auxquels les Directeurs ou leurs Prépoſés s'y attendront le moins, la viſite des balances, poids & meſures ſervant à la diſtribution des alimens; & au cas que leſdites balances, poids & meſures ne ſe trouvent pas conformes aux Ordonnances, le Commiſſaire des guerres les fera briſer en ſa préſence, & en fera établir d'autres aux frais du Directeur; dont & de quoi le Commiſſaire dreſſera ſur le champ ſon procès-verbal, qu'il fera ſigner par le Contrôleur préſent, par des témoins au nombre de deux, & par le Directeur ou ſes Prépoſés, s'ils veulent ſigner, ſinon ſera fait mention de leur refus.

22.

LE Commiſſaire des guerres fera deux expéditions du procès-verbal ci-deſſus, qu'il adreſſera ſur le champ, l'une au Secrétaire d'État ayant le département de la Guerre, & l'autre à l'Intendant de la Province.

TITRE VIII.

23.

VEUT & ordonne Sa Majeſté que, ſur le vu dudit procès-verbal, le Directeur ou les Commis coupables ſoient condamnés ſolidairement, par l'Intendant du département, en une amende de quinze cents livres applicable, moitié au dénonciateur, s'il y en a; & l'autre moitié, ou la totalité, s'il n'y a point de dénonciateur, à l'Hôpital du lieu ou autre plus prochain, s'il n'y en a point dans le lieu; & qu'en cas de récidive les coupables ſoient mis en priſon, pour être leur procès fait extraordinairement, & être condamnés par ledit Intendant aux galères pour neuf ans; & ſera, le dénonciateur, payé de la moitié de l'amende en déduction de ce qui ſera dû à l'Adminiſtrateur ou Entrepreneur, civilement reſponſable du fait de ſes prépoſés, ſur le certificat du Commiſſaire des guerres, portant que la fauſſeté des poids & meſures, a été reconnue ſur la dénonciation.

24.

DÉFEND Sa Majeſté dans ſes Hôpitaux, l'uſage des romaines pour peſer la viande & autres alimens des malades ou bleſſés: Veut & entend que toutes les peſées de quelque eſpèce que ce ſoit, ne puiſſent être faites qu'avec des balances à plateaux, bien éprouvées en préſence du Commiſſaire des guerres, avec des poids de marc bien & dûement étalonnés.

25.

AU cas de tranſport de malades & bleſſés dans un autre Hôpital, conformément à l'article 5 du titre II; la journée deſdits malades ou bleſſés étant payée à l'Hôpital où ils ſont envoyés, le Directeur qui en ſera averti, ſi le chemin eſt de plus de deux lieues, fera établir vers le milieu de la route, des marmites, du pain, du vin ou de la bière, pour y fournir des bouillons ou autres alimens, aux malades ou bleſſés; il y fera trouver des Chirurgiens & Infirmiers auxquels les malades ſeront remis avant ou après la halte, par les Chirurgiens & Infirmiers qui les auront conduits jusque-là.

TITRE IX.

Des Médicamens.

ARTICLE PREMIER.

LES Pharmacies des Hôpitaux militaires, ne seront approvisionnées que des articles jugés nécessaires par les nouvelles formules qui viennent d'y être prescrites, & de la manière ci-après indiquée.

2.

LES compositions galéniques & chimiques exigeant toute l'habileté d'un Artiste expérimenté, veut Sa Majesté que ces préparations se fassent par les Apothicaires-majors des cinq Hôpitaux militaires où les amphithéâtres sont établis, en présence des Médecin, Chirurgien-major, Chirurgien & Apothicaire-aide-major, Sous-aide-major & Élèves, & que ces mêmes préparations soient distribuées ensuite;

SAVOIR:

1.° Celles qui seront faites par l'Apothicaire-major de Lille, dans les provinces de Flandre, de Haynaut & de Picardie.

2.° Celles faites par l'Apothicaire-major de Metz, dans les provinces des Trois-évêchés, de Lorraine & de Champagne.

3.° Celles faites par l'Apothicaire-major de Strasbourg, dans les provinces d'Alsace & de Franche-comté.

4.° Celles faites par l'Apothicaire-major de Brest, dans les provinces de Bretagne, Normandie, Poitou, Aunis, Saintonge & Guyenne.

5.° Celles qui seront faites par l'Apothicaire-major de Toulon, dans les provinces de Provence, Dauphiné, Roussillon, Languedoc & dans l'île de Corse.

Défend Sa Majesté aux Apothicaires-majors des

Hôpitaux militaires, d'y recevoir & employer d'autres compositions galéniques & chimiques que celles qui leur seront ainsi fournies, & aux Directeurs de les y introduire; ce à quoi le Contrôleur tiendra exactement la main.

Permet Sa Majesté aux Administrateurs & Directeurs des Hôpitaux de charité, dans lesquels les Soldats de ses Troupes seront reçus, de se fournir dans lesdites Pharmacies, des compositions galéniques & chimiques dont ils auroient besoin, en les payant au même prix fixé par le tarif dressé par lesdits Apothicaires-majors, & approuvé par les Intendans des Provinces.

3.

A l'égard des autres médicamens qui seront fournis dans les Hôpitaux militaires, entend Sa Majesté que ces médicamens ne puissent être reçus que d'après la reconnoissance qui en sera faite par les Apothicaire-major ou Aide-major des Hôpitaux, en présence des Médecin & Chirurgien en chef, dont le témoignage les fera rejeter ou admettre par le Commissaire des guerres.

4.

L'Apothicaire en chef de chaque Hôpital, sera tenu, envers les Administrateurs ou Entrepreneurs, de compter tous les deux mois, tant en recette qu'en dépense, de tout ce qui concerne la Pharmacie; en conséquence, il devra tenir un registre qui restera en dépôt dans la Pharmacie, dans lequel seront inscrits tous les médicamens entrans, dont la consommation sera établie, d'après les cahiers de visite, & certifiée par les Médecin & Chirurgien-major & le Directeur.

5.

Il sera choisi, dans l'intérieur de l'Hôpital, un lieu convenable pour y établir l'Apothicairerie, dans lequel seront déposées toutes les drogues nécessaires & prescrites par les formules ci-dessus, soit pour les quantités, soit pour les qualités; ce qui aura lieu même dans le cas où le le marché des médicamens feroit féparé de celui des alimens.

6.

D'APRÈS le formulaire général, qui fera envoyé dans chaque Hôpital, le Médecin & le Chirurgien-major, chacun en ce qui les concerne, prefcriront une formule de remèdes ufuels, à laquelle l'Apothicaire fera tenu de fe conformer.

7.

LE Médecin & le Chirurgien-major vifiteront enfemble & de concert l'Apothicairerie, au moins une fois par mois; ils feront mettre à part les remèdes corrompus ou gâtés, pour être vérifiés par le Commiffaire des guerres, par lui dreffé procès-verbal, & donné tels ordres qu'au cas appartiendra. Et s'il manque de remèdes néceffaires, ils en dreffcront un état, dont copie fera remife au Directeur, pour qu'il ait foin d'en faire promptement le remplacement, & une autre copie au Commiffaire des guerres, afin qu'il tienne la main audit remplacement.

8.

FAIT Sa Majefté très-expreffes inhibitions & défenfes à l'Apothicaire de faire aucune compofition pour le fervice de l'Hôpital, ailleurs que dans le laboratoire de l'Apothicairerie; & les Médecin & Chirurgien-major s'y trouveront lorfqu'ils le jugeront néceffaire.

9.

AU cas que l'Apothicaire manque de quelques-unes des drogues ordonnées par les Médecin & Chirurgien-major, il fera tenu de les en avertir fur le champ pour y fuppléer: lui fait Sa Majefté très-expreffes inhibitions & défenfes d'en fubftituer de fon chef, à peine de deftitution de fon emploi.

10.

VEUT & ordonne Sa Majefté qu'au cas où l'Apothicaire foit furpris employant, ou convaincu d'avoir employé de fauffes drogues au lieu de celles ordonnées, il en foit dreſſé procès-verbal par le Commiſſaire des guerres, en préſence du Contrôleur, du Médecin & du Chirurgien-major, qui ſigneront, conjointement avec le Commiſſaire, ledit procès-verbal, ainſi que ledit Apothicaire s'il veut ſigner, ſinon ſera fait mention de ſon refus.

11.

SUR le vu dudit procès-verbal, qui ſera adreſſé, ſur le champ, au Secrétaire d'État ayant le département de la Guerre & à l'Intendant de la Province, le procès ſera fait extraordinairement par l'Intendant audit Apothicaire; lequel, audit cas de conviction, ſera condamné à une amende arbitraire, applicable moitié au dénonciateur, l'autre moitié à l'Hôpital du lieu, ou au plus prochain, même en une peine corporelle s'il y échet.

12.

DÉFEND Sa Majeſté à tous Apothicaires des Hôpitaux militaires, de fournir, vendre, tranſporter ni employer à aucun autre uſage qu'à celui des malades de l'Hôpital auquel ils ſont attachés, les médicamens, drogues ou remèdes de leur Pharmacie, ſous peine d'être renvoyés & punis.

13.

L'APOTHICAIRE adminiſtrera lui-même, en préſence du Chirurgien de garde ou de quartier, les remèdes qui auront été ordonnés aux malades & bleſſés, & les verra prendre, ſans les laiſſer auxdits malades & bleſſés, pour éviter toute erreur dans la diſtribution, & être en état d'en rendre compte au Médecin ou Chirurgien-major lors de leurs viſites, conformément aux articles 3 & 4 du Titre V, ou d'expliquer les raiſons pour leſquelles le Chirurgien de garde & lui de concert, auroient jugé à propos de les ſuſpendre.

14.

L'APOTHICAIRE fera une proviſion ſuffiſante de Plantes

usuelles dans le temps convenable, & les conservera avec le soin & la méthode que chacune d'elles peut exiger.

15.

On établira dans chaque Hôpital, autant qu'il sera possible, un jardin de Plantes usuelles dans le lieu qui sera désigné par l'Intendant. Le Médecin, le Chirurgien-major & l'Apothicaire auront la direction de ce jardin, chacun en ce qui les concerne.

16.

Les linges à pansement & la charpie étant de nature à être considérés comme une partie accessoire des médicamens, les Officiers de santé, notamment le Chirurgien-major, seront tenus de visiter les approvisionnemens qui en seront faits, avant leur entrée dans le magasin; & au cas qu'ils en trouvent de mauvaise qualité, ils en donneront avis au Commissaire des guerres, qui les fera rejeter & remplacer.

17.

Dans le cas où les Directeurs se trouveroient manquer de linges à pansement & de charpie, par leur faute, ils seront condamnés en une amende de quinze cents livres, qui sera prononcée par l'Intendant du département, sur le vu du procès-verbal qui en sera dressé par le Commissaire des guerres, & envoyé audit Intendant & au Secrétaire d'État ayant le département de la guerre. Veut Sa Majesté, audit cas, que le Commissaire des guerres fasse acheter dans la ville, ou lieux circonvoisins, ce qui sera nécessaire au service, & à quelque prix que ce soit, aux dépens de qui il appartiendra.

18.

Tout ce qui sera jugé nécessaire aux Chirurgiens-élèves pour le service de leurs salles, en vin, eau-de-vie, onguens, emplâtres, linges à pansement & charpie, ne pourra leur être donné que sur un *bon* des Officiers de santé. Pourront néanmoins les Chirurgiens de garde, en l'absence des Officiers de santé, donner des *bons*, si le service l'exige; mais ces *bons* devront être représentés auxdits Officiers de santé à leur première visite, pour être par eux visés chacun en ce qui les concerne; & au cas de fraude reconnue, les Chirurgiens-élèves seront condamnés à la restitution du quadruple envers le Directeur, même à plus grande peine, suivant l'exigence des cas.

TITRE X.

Des Lits & Fournitures.

ARTICLE PREMIER.

LA fourniture des lits & effets accessoires, sera faite par le même Administrateur ou Entrepreneur, qui sera chargé de celle des alimens & médicamens.

2.

LE nombre des lits sera fixé, dans chaque Hôpital, proportionnément à l'étendue des emplacemens & à la force des garnisons ordinaires; de manière que les Soldats malades soient couchés seuls, conformément à l'article 6 du Titre IV de la présente Ordonnance.

3.

DANS cette fixation seront compris les lits & fournitures des Chirurgiens & Apothicaires-élèves, employés & servans dans les Hôpitaux, & qui y auront leur logement.

4.

DÉFEND expressément Sa Majesté, de transporter lesdits lits hors de l'Hôpital, pour servir à ceux des Employés qui logeront en ville ou ailleurs, & ce sous peine de punition.

5.

CHAQUE lit sera composé d'une couchette de bois de chêne, autant qu'il sera possible; & dans les lieux où le chêne sera rare, de bois de noyer, d'orme, de sapin, ou

autre

autre eſpèce, tel qu'il ſera en uſage dans le pays: ladite couchette élevée de terre de douze à quinze pouces, de quatre pieds de largeur & de cinq pieds neuf à dix pouces de longueur, le tout de dedans en dedans: la paillaſſe & le matelas ſeront des mêmes largeur & longueur; la paillaſſe ſera remplie de quarante à quarante-cinq livres de paille, le matelas rempli moitié crin, moitié laine, ou de deux tiers de l'une ou l'autre eſpèce; le tout bien apprêté & couvert de toile leſſivée, de même que le chevet qui doit avoir trois pieds de tour; leſdits matelas & chevet devant peſer enſemble trente-cinq livres, la toile non compriſe; d'une couverture de laine, blanche ou verte, de huit pieds dix pouces à neuf pieds de longueur, ſur ſept pieds trois à ſix pouces de largeur; & de trois paires de draps de toile demi-blanche; chaque drap de neuf pieds ou neuf pieds un ou deux pouces de long ſur ſix pieds ſix pouces à ſix pieds neuf pouces de large; le tout à la meſure de Roi, & ſuivant qu'il ſera plus amplement détaillé dans les traités & conventions qui ſeront faits avec les Adminiſtrateurs & Entrepreneurs des Hôpitaux, tant pour la fourniture des lits que pour celle des effets acceſſoires.

6.

LES malades ſeront couverts, pendant l'hiver, de deux couvertures de laine, au moyen de l'augmentation ordonnée pour ce genre de fournitures; il ſera de plus entretenu dans chaque Hôpital une certaine quantité de matelas de crin, de même dimenſion & de moitié du poids des autres, pour ceux des malades dont l'état exigera ce ſupplément.

7.

LES couvertures & les bois-de-lits ſeront lavés tous les ſix mois, & les matelas rebattus auſſi ſouvent qu'il ſera néceſſaire: la paille des paillaſſes ſera renouvelée tous les ſix mois pour les lits ſervant aux convaleſcens; & pour ceux qui ſervent aux maades, autant de fois que le Médecin ou le Chirurgien-major le jugera à propos.

8.

LORS de la livraiſon des fournitures ou demi-fournitures, lorsqu'elles seront renouvelées ou réparées, le Commissaire des guerres, ou le Contrôleur en son absence, fera auner les draps & peser les matelas & traversins, pour connoître s'ils sont de la même mesure & du poids ordonnés; & en cas qu'il les trouve défectueux, ou que le nombre ne soit pas complet, il en dressera procès-verbal, qu'il enverra au Secrétaire d'État ayant le département de la guerre, & à l'Intendant de la Province, pour y être pourvu.

9.

Si dans quelques Hôpitaux les lits étoient fournis, soit par le Roi, soit par les Villes, ou par d'autres Entrepreneurs que ceux des alimens, le blanchissage des draps sera toujours à la charge de l'entreprise des alimens de l'Hôpital: ils seront en conséquence remis au Directeur, sur son récépissé, pour être par lui représentés en même nombre dans l'état où ils se trouveront. Pourra ledit Directeur remettre, de trois en trois mois, en présence & du consentement du Commissaire des guerres, ou en son absence, du Contrôleur, les draps hors d'état de servir, desquels il demeurera déchargé, & il sera pourvu au remplacement d'iceux.

10.

Enjoint très-expressément Sa Majesté aux Commissaires des guerres, aux Contrôleurs, & généralement à tous les Officiers de ses Hôpitaux, de ne point souffrir qu'aucun malade ou blessé, soit mis dans le lit d'un mort, avant que les draps & la paille en aient été changés.

11.

Les Contrôleurs, les Commis aux salles & tous autres préposés au service des Hôpitaux, empêcheront les malades & blessés, de coucher sur leurs lits avec leurs souliers, & veilleront à ce que les fournitures soient conservées & entretenues proprement.

12.

L'usage des demi-fournitures, n'aura lieu dans les Hôpitaux, que pour ceux qui seront établis en temps de guerre ; dans chacun desquels, cependant, il sera remis un nombre de fournitures complettes pour les blessés de grandes blessures, & pour les malades attaqués de maladies contagieuses.

Chacune desdites demi-fournitures sera composée d'une paillasse, d'un traversin garni, de deux paires de draps & d'une couverture ; le tout des qualités & dimensions prescrites par l'article 5 du présent Titre.

TITRE XI.

Des Linges, Bonnets & Robes de chambre.

ARTICLE PREMIER.

LES fournitures accessoires au lit, comme chemises, bonnets, coiffes de bonnet, capotes ou robes de chambre de drap, seront réglées en proportion du nombre des lits fixé pour chaque Hôpital, à raison

De quatre Chemises........ De quatre Coiffes de bonnets.	Pour chaque lit.
De trois Bonnets de laine.... Et d'une Capotte..........	Pour deux lits.

Et les qualités de ces fournitures seront déterminées par les traités.

2.

LE Commissaire des guerres se fera remettre l'état de l'approvisionnement de l'Hôpital, en ce genre, qu'il proposera d'augmenter s'il en est besoin, par proportion des malades ou blessés qui y seront reçus, ce qui ne pourra s'exécuter que sur les ordres du Secrétaire d'État ayant le département de la guerre, d'après le compte qui lui en sera rendu par l'Intendant, excepté néanmoins les cas de service urgens auxquels l'Intendant sera pourvoir ſans délai, en même temps qu'il en informera le Secrétaire d'État de la Guerre.

3.

LE Commiſſaire des guerres fera de temps en temps la viſite des chemiſes, bonnets, coiffes de bonnets & capotes, pour faire remplacer ce qui ſera hors de ſervice.

4.

LE blanchiſſage de tous les linges, chemiſes, coiffes & bonnets, ſera toujours à la charge de l'entrepriſe des alimens de l'Hôpital; les Directeurs ſeront tenus en conſéquence de mettre à part & de faire leſſiver ſéparément tout ce qui aura ſervi à l'uſage des malades attaqués de gale ou de maux vénériens; il ſera de même leſſiver par un blanchiſſage ſéparé, tous les linges à panſement ou deſtinés à faire de la charpie.

5.

LES malades attaqués de toute eſpèce de gale, devant être traités dans des ſalles ſéparées, qui ne leur laiſſent aucune communication avec les autres malades: Veut Sa Majeſté que les lits & fournitures de tout genre qui ſerviront auxdits galeux, ne ſoient jamais confondus avec celles deſtinées à d'autres uſages; ce à quoi les Contrôleur ou Commis aux ſalles, tiendront exactement la main, à peine d'en répondre en leur propre & privé nom, & d'encourir la condamnation d'une amende prononcée par l'Intendant de la Province, ſur le rapport du Commiſſaire des guerres chargé de la police de l'Hôpital.

TITRE XII.

Des maux Vénériens.

ARTICLE PREMIER.

LES Soldats attaqués de maladie vénérienne, de quelque nature qu'elle ſoit, ſeront reçus dans les

Hôpitaux

Hôpitaux militaires destinés à ce traitement, sur un billet d'entrée expédié suivant la forme prescrite par l'article 1.er du Titre I.er, & au dos duquel sera détaillée la situation des Soldats qui y seront envoyés.

2.

AUSSITÔT qu'un malade de ce genre se présentera dans un Hôpital, le Chirurgien-major sera tenu de le visiter, conjointement avec le Médecin, s'il y en a un, pour déterminer la nature du traitement qui leur paroîtra convenir à son état; ce qui sera constaté par une consultation signée de l'un & de l'autre; après quoi le Chirurgien-major restera chargé du traitement auquel le Médecin ne sera appelé que dans les occasions périlleuses.

3.

LORSQUE le traitement sera fini, les Officiers de santé seront tenus de visiter de nouveau le malade avant sa sortie de l'Hôpital, pour s'assurer de la guérison, de laquelle ils feront mention au pied de la consultation qu'ils auront faite lors de l'entrée dudit malade.

4.

SA MAJESTÉ ne voulant pas que le séjour à l'Hôpital, des Soldats attaqués de maladie vénérienne, soit désormais à charge à leurs camarades, Elle entend que tout Soldat, Cavalier, Chevau-léger, Hussard, Dragon & Chasseur à cheval, qui sera entré à l'Hôpital, pour une maladie vénérienne, soit obligé d'acquitter à sa sortie, & lorsqu'il aura recouvré ses forces, toutes les corvées qui auront été faites pour lui pendant son traitement, successivement & de manière qu'il n'en soit pas excédé; Sa Majesté s'en rapportant à ce sujet aux Commandans des Corps: Elle ordonne aux Médecins & Chirurgiens-majors de ses Hôpitaux, d'inscrire au dos des billets de sortie, la nature des maladies dont les convalescens sortant auront été traités, & aux chefs des Corps d'enjoindre aux Quartiers-maîtres de tenir un registre de tous les hommes de leur régiment qui auront ſubi le traitement d'une maladie vénérienne, & d'en conſerver les billets de ſortie comme pièces probantes à l'appui du regiſtre qui ſera repréſenté aux Inſpecteurs lors de leurs revues.

5.

SA MAJESTÉ jugeant qu'il eſt de ſa juſtice & même de ſa bonté de prévenir, par la crainte d'une punition, les maux que pourroit produire dans les Troupes l'excès du libertinage, Elle veut que tout Soldat qui aura été traité trois fois d'une maladie vénérienne quelconque, ſoit condamné à ſervir deux ans au-delà du terme de ſon engagement; mais pour prévenir toute application injuſte de cette peine, Sa Majeſté entend que le jugement contre ledit Soldat ne puiſſe être porté que par les Inſpecteurs lors de leurs revues, ſur le rapport qui leur ſera fait par les Commandans des régimens, les Officiers & bas Officiers des compagnies dont ſeront les Soldats convaincus d'avoir éprouvé une troiſième rechute, pour, ſur les témoignages qui ſeront rendus de leur conduite, les condamner ou les abſoudre en connoiſſance de cauſe, ou même reſtreindre la punition à un an de ſervice ſeulement, ſuivant l'exigence des cas; attribuant Sa Majeſté auxdits Inſpecteurs tout pouvoir à cet égard.

TITRE XIII.

Des Eaux minérales.

ARTICLE PREMIER.

LES Soldats, Cavaliers, Chevaux-légers, Huſſards, Dragons ou Chaſſeurs à cheval à qui l'uſage des Eaux minérales deviendroient néceſſaires, pourront être envoyés dans les Hôpitaux de Saint-Amand, de Bourbonne, de Digne & de Barèges, leſquels ſeuls ont été maintenus à cet effet.

2.

LESDITS Soldats, Cavaliers, Chevaux-légers, Huſſards, Dragons ou Chaſſeurs ne pourront être reçus dans leſdits Hôpitaux hors le temps des ſaiſons ordinaires, ni reſter au-delà de la fin de chaque ſaiſon, ſi ce n'eſt pour des cas particuliers ou imprévus, dont le Médecin, ou à ſon défaut le Chirurgien chargé de la diſpenſation des eaux, rendra compte au Secrétaire d'État ayant le département de la Guerre.

3.

POUR que les malades qui ſe trouvent dans les garniſons, ou dans les Hôpitaux éloignés des établiſſemens des Eaux minérales ci-deſſus mentionnés, puiſſent s'y rendre au temps preſcrit, les Officiers de ſanté des Hôpitaux, & les Chirurgiens-majors des régimens s'aſſembleront dès les premiers jours d'Avril pour examiner les Soldats qui leur paroîtront devoir être envoyés aux Eaux minérales, & rédiger les certificats dont leſdits Soldats doivent être porteurs: cet examen ſera fait en préſence des Commiſſaires des guerres qui devront adreſſer à l'inſtant au Secrétaire d'État ayant le département de la Guerre, une note indicative deſdits hommes, & lui demander les routes néceſſaires pour les faire partir.

4.

A l'égard des Soldats malades qui ſe trouveront dans des garniſons ou dans des Hôpitaux à portée de ceux des Eaux minérales, leſdits Médecins & Chirurgiens-majors s'aſſembleront vers la fin du mois de Mai pour procéder, ainſi qu'il eſt preſcrit par l'article précédent, à l'examen deſdits Soldats qu'ils jugeroient devoir être envoyés aux Eaux; après quoi ſeront demandées auſſi-tôt les routes néceſſaires pour les faire partir, aux Intendans des Provinces, qui les expédieront pour ceux qui ne ſeront éloignés deſdits Hôpitaux des Eaux minérales, que de cinq jours de marche.

TITRE XIII.

5.

Aucun Soldat ne pourra être reçu dans lesdits Hôpitaux qu'autant qu'il sera muni d'une route expédiée, soit en vertu des ordres du Secrétaire d'État ayant le département de la Guerre, soit par l'Intendant de la Province.

6.

A l'arrivée des Soldats aux Eaux, le Commissaire des guerres leur expédiera un billet d'entrée à l'Hôpital, ou un billet de logement; les Officiers de santé des Eaux minérales se feront ensuite représenter le certificat dont chaque Soldat devra être porteur, pour examiner si l'usage des Eaux peut lui convenir: s'ils jugent que les Eaux minérales ne conviennent point à certains malades, ils écriront au dos desdits certificats, les motifs de leur opinion, & les remettront au Commissaire des guerres, qui devra renvoyer dans les vingt-quatre heures, à leurs régimens lesdits malades, en leur expédiant des billets de sortie dans la forme ordinaire, & un ordre de route pour s'y rendre.

7.

Les certificats des malades admis à l'usage des Eaux, resteront entre les mains des Officiers de santé, pour y motiver l'effet qu'auront opéré les Eaux; & ces certificats seront rendus aux malades pour être par eux rapportés au régiment avec le billet de sortie de l'Hôpital.

8.

Les Soldats, Cavaliers, Chevaux-légers, Hussards, Dragons ou Chasseurs à cheval, admis à prendre les Eaux, remettront leur épée ou autres armes, s'ils en ont, au Directeur de l'Hôpital; & s'il n'y a point d'Hôpital, chez le Commissaire des guerres; lesdites armes seront étiquetées pour leur être rendues à leur départ: Sa Majesté faisant très-expresses défenses auxdits Soldats, Cavaliers, &c. de porter aucunes armes, de quelque espèce que ce soit,

pendant

dendant leur séjour aux Eaux, & de les cacher chez les habitans du lieu, à peine auxdits Soldats, Cavaliers, &c. de prison & d'être renvoyés à leur régiment; & aux habitans qui auront caché lesdites armes, de prison, & de vingt livres d'amende applicable au profit des pauvres de la Paroisse.

9.

VEUT & entend au surplus, Sa Majesté, que tous les Soldats, Cavaliers, &c. reçus, pour prendre les Eaux, dans les Hôpitaux & autres établissemens formés à cet effet, se conforment aux règlemens de Police observés dans les autres Hôpitaux, aux peines y portées, sauf les cas particuliers auxquels il sera pourvu par les règlemens concernant la police des Eaux minérales.

10.

CEUX qui, au défaut d'Hôpital, ou faute de place dans l'Hôpital, auront été logés chez les habitans, se retireront chez leur hôte à sept heures du soir, à peine de vingt-quatre heures de prison pour la première fois, & de plus grande peine en cas de récidive.

11.

DÉFEND Sa Majesté auxdits Soldats, Cavaliers, &c. d'exiger de leurs hôtes autre chose que le lit & place au feu, & à la lumière desdits hôtes, chez lesquels ils vivront, au moyen de leur solde.

12.

CEUX qui auront obtenu permission de sortir de l'Hôpital, s'il y en a, ou ceux qui seront logés chez les habitans, ne pourront, pour quelque cause que ce soit, s'éloigner du lieu où se prennent les Eaux, & aller dans les villages voisins, ni manger & boire au cabaret, sous les peines ci-dessus énoncées. Faisant Sa Majesté très-expresses défenses aux habitans, de donner ni vendre du vin, de l'eau-de-vie, ou autres boissons que ce puisse être, aux Soldats, Cavaliers, &c. nourris à l'Hôpital; &

dans les lieux où ils vivront au moyen de leur solde, il est défendu de leur donner plus d'une chopine de vin à la fois & dans le même jour, à peine de cent livres d'amende pour la première contravention, & de plus grande punition en cas de récidive : Enjoint aux Officiers municipaux de tenir la main à l'exécution du présent article, à peine d'en demeurer responsables.

13.

FAIT pareillement Sa Majesté très-expresses inhibitions & défenses aux Soldats, Cavaliers, Chevaux-légers, Hussards, Dragons ou Chasseurs à cheval, de faire aucun trafic de tabac ou autres marchandises, même de celles dont le commerce est permis aux particuliers, à peine d'être arrêtés & punis suivant la rigueur des Ordonnances.

14.

DÉFEND Sa Majesté aux Officiers de santé des Eaux minérales, de délivrer des certificats aux convalescens sortans, pour qu'il leur soit fourni des voitures à l'effet de rejoindre leur corps, à moins d'une nécessité absolue reconnue par le Commissaire des guerres, & ce, sous peine d'en payer eux-mêmes les frais.

15.

ORDONNE Sa Majesté qu'au défaut de Commissaire des guerres, tout ce qui est prescrit par les articles du présent Titre, sera exécuté par le Subdélégué de l'Intendant; au défaut de Subdélégué, par l'Officier de Maréchaussée en résidence; & au défaut d'Officier de Maréchaussée en résidence, par le principal Officier municipal de chaque lieu, auxquels Sa Majesté mande & ordonne de tenir la main, chacun en droit soi, à l'exécution de ce que dessus.

TITRE XIV.

De la netteté, clarté & température dans les Hôpitaux.

ARTICLE PREMIER.

DANS les Hôpitaux fixes & ſédentaires, le Commiſſaire des guerres donnera ſes ordres, au commencement du printemps, pour faire blanchir les ſalles, & les portes & lambris avec de la chaux vive, afin d'y entretenir la propreté & détruire les inſectes. Il en ſera uſé de même autant que faire ſe pourra, lors de l'établiſſement des Hôpitaux, que le ſervice des Armées exige en temps de guerre.

2.

LE Contrôleur ou le Commis aux ſalles, ſera particulièrement chargé, ſous les ordres du Commiſſaire des guerres, de faire balayer & nettoyer les ſalles, deux fois par jour, le matin avant les viſites & panſemens; le ſoir immédiatement après le repas, & plus ſouvent s'il eſt néceſſaire; ils feront pareillement balayer les cours & les eſcaliers, au moins une fois par jour.

3.

LES mêmes Employés auront ſoin de faire parfumer les ſalles, en y faiſant brûler du bois de genièvre ou autre bois odoriférant, trois fois par jour pour le moins, ſurtout avant & pendant les panſemens.

4.

ILS feront tenir proprement les cuiſines, la boulangerie, la boucherie & autres endroits de l'Hôpital, & ordonneront aux Cuiſiniers de laver les tables où ſe coupe la viande, deux fois par jour avec de l'eau bouillante.

5.

ILS viſiteront ſouvent les uſtenſiles de cuivre, tant à

la Cuiſine qu'à la Pharmacie, pour examiner s'il n'y a point de vert-de-gris, & ils obligeront le Directeur à les faire étamer, lorſqu'il en ſera beſoin.

6.

ILS veilleront à ce que la tenue des Infirmiers ſervant les malades, ſoit le plus propre qu'il ſera poſſible, & ils feront renvoyer ceux qui, après avoir été avertis, ne ſe conformeroient pas à ce qui leur aura été ordonné à cet égard.

7.

AVANT la fin de l'automne, le Commiſſaire des guerres fera viſiter & mettre en état les poëles & fourneaux ſervant à échauffer les ſalles des malades, & obligera le Directeur à faire une proviſion de bois ſuffiſante.

8.

LE feu commencera à être allumé dans leſdites ſalles, au jour qui ſera fixé par le Commiſſaire des guerres, ſur le rapport des Officiers de ſanté, & ceſſera pareillement quand il l'ordonnera; les Contrôleur & Commis aux ſalles tiendront la main à l'exécution de ſes ordres.

9.

DANS les beaux jours, les Contrôleur ou Commis aux ſalles, feront ouvrir les fenêtres, pour donner de l'air aux ſalles; ce qu'ils ne feront néanmoins que du conſentement du Médecin ou du Chirurgien-major.

10.

LES fenêtres des ſalles, par où les rayons du ſoleil pourroient porter ſur les malades, ſeront fermées par des rideaux de groſſe toile, qui ſeront au compte du Roi.

11.

LES lampes ſeront allumées dans l'Hôpital, une demi-heure avant la nuit, par les Infirmiers, & entretenues ſans diſcontinuation, tant qu'elle durera, de l'huile qui ſera fournie à cet effet par les Directeurs; le Commiſſaire des

des guerres ordonnera le nombre des lumières qu'il jugera néceſſaire, & le Contrôleur ou Commis aux ſalles, tiendront également la main à l'exécution des ordres du Commiſſaire des guerres à cet égard.

TITRE XV.

De la police dans l'intérieur de l'Hôpital.

ARTICLE PREMIER.

IL ne ſera ſouffert aucunes armes aux malades ou bleſſés dans les ſalles de l'Hôpital, & ſi quelqu'un d'eux ſe trouve en avoir, elles lui ſeront ôtées; celles qui feront partie de l'armement uniforme du régiment, ſeront remiſes au magaſin, & les autres ſeront confiſquées pour être vendues au profit des pauvres du lieu.

2.

FAIT Sa Majeſté très-expreſſes défenſes à tous Soldats, Cavaliers, Chevaux-légers, Huſſards, Dragons ou Chaſſeurs, malades ou bleſſés, de porter ſur eux de la poudre à tirer dans leſdites ſalles, à peine d'être ſévèrement punis à leur ſortie.

3.

LORSQU'IL y aura deux portes d'entrée dans un Hôpital, il n'en ſera tenu qu'une ouverte, à laquelle il ſera mis une barrière & placé un Portier, qui ſera chargé de ne laiſſer entrer aucunes femmes, & de n'en laiſſer ſortir aucuns malades, convaleſcens ou infirmiers, ſans un billet ſigné d'un Officier de ſanté; comme auſſi de ne permettre l'entrée d'aucunes denrées, boiſſons, fruits & autres alimens, que de ceux qui ſeront introduits au nom du Directeur, pour le ſervice ou par les Officiers de ſanté dudit Hôpital, pour leur conſommation particulière; étant ledit Portier autoriſé à fouiller les perſonnes qui lui paroîtront ſuſpectes; & les choſes qui seront reconnues introduites en contravention des règlemens, seront confisquées au profit dudit Portier, auquel la Sentinelle & la Garde prêteront main-forte quand il le requerra.

4.

Il sera permis aux malades & convalescens, de sortir & se promener hors des Hôpitaux militaires, dans tous les cas où leur état paroîtra l'exiger; mais sous les réserves énoncées dans l'article qui suit.

5.

Lorsque les Médecins jugeront la promenade nécessaire pour quelques malades ou convalescens, dans ceux des Hôpitaux qui n'ont ni jardin, ni espace suffisamment aéré, le Commissaire des guerres, qui en sera prévenu, en accordera la permission sur un état nominatif qui lui sera présenté & qu'il visera; cet état, ainsi visé, sera porté au Commandant de la Place, qui donnera le nombre de bas Officiers nécessaire pour escorter ces malades ou convalescens pendant la promenade, empêcher qu'ils n'achettent ou reçoivent aucune espèce d'alimens, & pour les ramener à l'Hôpital. A leur retour, ils seront reçus par le Contrôleur, qui en fera l'appel, donnera décharge à ces bas Officiers, verra par leur rapport si tout s'est passé régulièrement pendant la promenade, & en rendra compte, sur le champ, au Commissaire des guerres.

7.

Les Soldats, qui ayant eu la permission de sortir, apporteront à leurs camarades des boissons & alimens de quelque espèce que ce puisse être, & ceux des malades & blessés qui vendront leurs portions à d'autres, seront punis.

8.

Il ne sera permis aux bas Officiers, Soldats, Cavaliers, Chevaux-légers, Hussards, Dragons ou Chasseurs à cheval, d'entrer dans les Hôpitaux pour visiter les malades, qu'avec la permiſſion par écrit du Commiſſaire des guerres ou autres le repréſentant en ſon abſence.

9.

LES bas Officiers ou Soldats qui porteront dans les Hôpitaux où ils ſeront entrés, des alimens ou des boiſſons, ſeront punis, ſur le rapport qu'en fera le Commiſſaire des guerres aux Chefs du régiment auquel ils appartiendront.

10.

TOUT Soldat malade, accuſé ou convaincu de crime commis pendant ſon ſéjour à l'Hôpital, ſera gardé à vue, & le Commiſſaire des guerres le fera punir, à ſa ſortie, ainſi qu'au cas appartiendra.

11.

LE Commiſſaire des guerres & le Contrôleur écouteront les plaintes qui leur ſeront portées par les malades ou bleſſés, afin de leur faire rendre juſtice.

12.

LES malades ou bleſſés qui inſulteront les Chirurgiens, Infirmiers, ou autres perſonnes qui les ſervent, ſeront punis ſévèrement; & ſi leur état exigeoit que la punition fût différée juſqu'à leur ſortie, les Commandans des Corps ſeront tenus d'y ſtatuer, ſans délai, ſur le rapport du Commiſſaire des guerres.

13.

ENJOINT Sa Majeſté aux malades & bleſſés, de porter honneur & reſpect aux Aumôniers, Frères de la Charité & autres Religieux & Religieuſes, Médecins, Chirurgiens, Apothicaires, Contrôleurs, Commis aux ſalles, Adminiſtrateurs, Entrepreneurs & leurs Commis, à peine de punition exemplaire.

14.

IL leur eſt pareillement enjoint de traiter avec douceur les Infirmiers, & de ſe garder de les injurier, même quand ils auroient des plaintes à porter contr'eux; auquel cas ils devront en faire rendre compte par les Commis aux salles, au Commissaire des guerres, qui punira les coupables.

15.

Il est défendu aux convalescens, de fumer dans leur lit & dans les salles, à peine de châtiment, sauf auxdits convalescens à aller fumer dans les lieux qui leur seront indiqués à cet effet.

16.

Il est pareillement défendu à tous malades ou blessés, de jouer dans les salles à aucune sorte de jeux qui peuvent faire du bruit ou exciter des querelles & rixes; l'argent qui se trouvera devant les joueurs, sera saisi & distribué sur le champ aux pauvres.

17.

Tout Soldat, Cavalier, Chevau-léger, Hussard, Dragon ou Chasseur à cheval, qui jurera, blasphémera ou tiendra de mauvais discours dans l'Hôpital, sera puni par le Commissaire des guerres selon l'exigence des cas, soit pendant son séjour à l'Hôpital, soit à sa sortie.

18.

Fait Sa Majesté défenses à tous malades d'entrer dans les bureaux, cuisines, boucheries, panneteries, caves, apothicaireries, magasins & autres lieux où leur présence n'est pas nécessaire, & d'y troubler le service, à peine de punition.

19.

Tous les malades se trouveront à leur lit lors de la distribution des alimens, à peine de punition. Leur fait, Sa Majesté, défense de manger & boire dans une autre place que celle où ils couchent.

20.

Les Élèves-chirurgiens & Apothicaires qui couchent dans

dans les Hôpitaux, devront rentrer avant dix heures du soir; passé cette heure ils n'y seront plus reçus; & le Portier sera tenu de rendre compte au Commissaire des guerres de tous ceux qui auront découché; ledit Commissaire des guerres les punira, ainsi qu'au cas appartiendra.

21.

Les convalescens ne pourront, en aucun cas, être employés comme Infirmiers dans l'Hôpital.

22.

Il sera établi dans tous les Hôpitaux considérables, sur-tout dans ceux où la maladie vénérienne est traitée, de même que dans ceux des Eaux minérales, une prison où les malades vénériens & autres qui auront commis des fautes graves seront envoyés par le Commissaire des guerres dès qu'ils pourront l'être sans inconvénient pour leur état; ils y seront couchés sur de la paille, & punis par la privation des alimens & boissons qui pourroient aussi leur être retranchés sans inconvénient, d'après l'avis des Officiers de santé.

TITRE XVI.

Des Testamens des malades ou blessés, dans les Hôpitaux.

Nul ne pourra tester en faveur des Officiers de l'Hôpital où il sera, pas même de l'Aumônier ni de son Couvent, sous prétexte de legs pieux; & les testamens au profit desdits Officiers de l'Hôpital, Aumôniers ou leurs Couvens, seront nuls & de nul effet. L'Aumônier pourra cependant, en envoyant l'extrait mortuaire, informer la famille des intentions du défunt.

TITRE XVII.

De la Sortie des Soldats, Cavaliers, Chevaux-légers, Huſſards, Dragons & Chaſſeurs à cheval, des Hôpitaux.

ARTICLE PREMIER.

LES billets de ſortie ſeront expédiés dans un cartouche conforme au modèle annexé à la préſente Ordonnance, contenant le nom du régiment & de la compagnie, ceux de famille & de guerre du Soldat, Cavalier, Chevau-léger, Huſſard, Dragon ou Chaſſeur à cheval, celui du lieu de ſa naiſſance, l'Élection, Bailliage & Sénéchauſſée ou Châtellenie dans le reſſort deſquels ledit lieu ſera ſitué; la date de ſon entrée dans l'Hôpital & celle de ſa ſortie.

Ils ſeront faits doubles, pour l'un être remis au convaleſcent ſortant, & l'autre être joint, comme pièce juſtificative, aux états de dépenſes qui ſeront envoyés au Secrétaire d'État de la Guerre.

Leſdits billets ſeront ſignés par les Médecin & Chirurgien-major qui auront ordonné la ſortie du convaleſcent; ils y ſpécifieront s'il ſort guéri ou non; & dans le dernier cas, ils inſcriront au dos deſdits billets le détail ſommaire des motifs auxquels ils attribuent la non-guériſon, & ſigneront la déclaration.

Ces billets de ſortie ſeront auſſi ſignés par les Directeurs, & viſés par le Commiſſaire ou Subdélégué.

2.

LES Médecin & Chirurgien-major ne preſcriront la ſortie des convaleſcens, qu'après les avoir mis pendant trois ou quatre jours au moins, à la portion entière, pour s'aſſurer de leur rétabliſſement.

3.

Les convalescens, les malades qui devront sortir de l'Hôpital seront inscrits, dès la veille, sur une liste qui sera remise à cet effet par les Médecin & Chirurgien-major au Commissaire des guerres ou au Contrôleur, qui viseront ladite liste & la remettront au Directeur de l'Hôpital, lequel devra expédier, en conséquence, les billets de sortie.

4.

Au moyen de la liste ci-dessus, le Directeur étant averti des malades ou blessés qui devront sortir le lendemain, la journée de la sortie ne sera point passée dans l'état de la dépense de l'Hôpital.

5.

Dans le jour prescrit pour la sortie des convalescens, les Médecins ou Chirurgiens-majors se feront représenter la liste qu'ils auront remise la veille, pour reconnoître si les malades sont effectivement renvoyés, ou examiner si les causes pour lesquelles ils auroient été retenus sont légitimes; en cas qu'elles ne le soient point, ils en donneront avis sur le champ au Commissaire des guerres & au Contrôleur, pour y pourvoir, ainsi quil appartiendra.

6.

Les Soldats, Cavaliers, Chevaux-légers, Hussards, Dragons ou Chasseurs à cheval, sortis des Hôpitaux, seront tenus, en rejoignant leur Corps, de représenter & remettre leur billet de sortie à leurs Officiers; à peine pour ceux qui ne le représenteront point d'être punis comme vagabonds. Ceux qui auront employé pour rejoindre leur Corps au-delà du temps nécessaire, seront punis de la même manière, à moins d'excuse légitime.

7.

Si dans le nombre des malades reçus dans les Hôpitaux, il s'en trouvoit qui n'eussent que des indispositions légères, susceptibles par leur nature de quelques soins seulement,

& non pas d'un traitement, les Médecins & Chirurgiens-majors en ordonneront à l'inſtant la ſortie, en en prévenant le Commiſſaire des guerres, lequel devra, au cas qu'il reconnoiſſe de la négligence de la part du Chirurgien-major du régiment qui aura envoyé leſdits malades, en rendre compte au Secrétaire d'État ayant le département de la Guerre, à la ſuite du procès-verbal de l'Aſſemblée qui doit ſe tenir tous les deux mois.

8.

Si parmi les malades reçus dans l'Hôpital, les Officiers de ſanté découvrent des Soldats qui affectent des maladies qu'ils n'ont pas, ils auront ſoin d'en informer à l'inſtant le Commiſſaire des guerres, qui devra les renvoyer au régiment auquel ils appartiennent, & les déſigner aux Commandans des Brigades de Maréchauſſée, pour qu'ils veillent à les faire rejoindre.

9.

Les malades reçus dans un Hôpital, attaqués de maux incurables & hors d'état de ſervir par les ſuites de leurs bleſſures ou de leurs infirmités, ſeront dénommés dans un état motivé, certifié par les Médecin & Chirurgien-major, pour ledit état être remis ſans délai au Commiſſaire des guerres.

10.

Lorsque le régiment auquel un malade de cette eſpèce ſe trouvera appartenir, ne ſera qu'à la diſtance de vingt-cinq à trente lieues, le Commiſſaire des guerres l'y renverra tout de ſuite avec un billet de ſortie, au dos duquel ſera tranſcrit le certificat des Médecin & Chirurgien-major.

Si le régiment eſt à une diſtance plus éloignée, le Commiſſaire des guerres ſera tenu de prendre à cet égard des renſeignemens dont il rendra compte au Secrétaire d'État ayant le département de la Guerre, en lui adreſſant le certificat d'incurabilité, afin qu'il puiſſe prononcer ſur le ſort de cet homme.

11. Au

11.

AU cas qu'un Soldat réduit à une incurabilité abſolue, n'eût aucun moyen de ſubſiſter chez lui, veut Sa Majeſté que cet homme ſoit alors rayé du contrôle du régiment auquel il appartient; & ſur le compte qui en ſera rendu au Secrétaire d'État ayant le département de la Guerre, par le Commiſſaire des guerres, il ſera adreſſé des ordres pour faire envoyer ledit malade, aux frais du Roi, dans l'Hôpital de charité le plus voiſin, & pour l'y entretenir ſur le pied qui ſera convenu avec les Adminiſtrateurs dudit Hôpital, ainſi & de la même manière qu'il en a été uſé dans tous les temps. Les Adminiſtrateurs des Hôpitaux ſeront payés de la ſomme réglée pour cet objet, ſur les ordonnances des Intendans des Généralités, qui s'aſſureront de l'exiſtence deſdits Soldats, & en informeront tous les ſix mois le Secrétaire d'État ayant le département de la Guerre.

12.

LES maladies chroniques ſuſceptibles de guériſon, continueront d'être traitées aux Hôpitaux; mais les Officiers de ſanté auront ſoin de ne pas les y laiſſer s'invétérer; & pour cet effet ils eſſayeront de faire changer d'air les Soldats attaqués de pareilles maladies. En conſéquence, Sa Majeſté autoriſe les Commandans des Corps à envoyer chez eux, ou dans un des Hôpitaux bourgeois du Royaume qui ſera déſigné par le Secrétaire d'État ayant le département de la Guerre, les Soldats attaqués deſdites maladies, & ce, ſur les certificats des Médecins & Chirurgiens-majors des Hôpitaux, viſés des Commiſſaires des guerres qui en ont la police; leſquels certificats feront mention du temps qu'il aura paru néceſſaire d'accorder auxdits Soldats pour reſter dans leur pays; & les congés qui leur ſeront donnés ſeront limités en conſéquence.

Enjoint Sa Majeſté aux Commandans des Brigades de Maréchauſſée du Royaume, de veiller ſur leſdits Soldats, de les faire rejoindre à l'expiration de leurs congés, &

même auparavant, si leur santé est rétablie; & dans le cas où à l'expiration de leurs congés ils ne seroient pas en état de joindre, de les conduire chez le Commissaire des guerres ou le Subdélégué, qui les fera visiter par des Médecins & Chirurgiens du lieu bien famés, lesquels lui délivreront deux certificats pareillement motivés, qu'il adressera au Ministre, qui en fera passer un au régiment auquel appartiennent lesdits Soldats. Le Commissaire des guerres ou le Subdélégué sera alors autorisé à proroger leurs congés.

Ordonne Sa Majesté aux Commandans des Corps de représenter ces certificats à l'Inspecteur à sa première revue, pour, qu'après avoir pris tous les renseignemens qu'il jugera à propos de se procurer, il prononce la réforme de l'homme, & le fasse rayer des contrôles, s'il y a lieu.

13.

POUR obvier à la prolongation & aux suites fâcheuses des convalescences longues qui souvent dégénèrent en langueur, par la qualité de l'air que l'on respire dans les Hôpitaux, il sera établi à portée des principaux Hôpitaux militaires, & sur-tout de ceux situés dans les villes dont l'air est humide, des dépôts deConvalescens, qui seront placés, soit dans d'autres villes voisines, soit à la campagne, si faire se peut, dans les lieux dont l'air soit pur & salubre, en employant pour ces établissemens les moyens les plus économiques que les Intendans des Provinces auront soin de faire connoître au Secrétaire d'État ayant le département de la Guerre.

14.

LES Officiers de santé remettront au Commissaire des guerres, un rapport de l'état des Soldats convalescens, ainsi que de ceux attaqués de maladies chroniques non contagieuses, dégénérées en simples langueurs, auxquels ils jugeroient que le changement d'air pourroit être salutaire: le Commissaire des guerres communiquera ce rapport aux Commandans des Places & des Régimens, qui en rendront compte sur le champ au Commandant de la Province, lequel pourra expédier les ordres nécessaires pour le départ desdits convalescens; ce dont il informera le Secrétaire d'État ayant le département de la Guerre. Le Commissaire des guerres, qui se concertera avec les Commandans des Places & ceux des Régimens, sur les précautions qui peuvent être relatives au départ desdits convalescens, en instruira l'Intendant de la Province, qui donnera des ordres en conséquence.

15.

POUR l'exécution des articles précédens, veut & ordonne Sa Majesté, que les Officiers de santé en chef tiennent un registre, tel qu'il leur est prescrit par l'article 10 du Titre XXVIII.

16.

DÉFEND Sa Majesté aux Officiers de santé de ses Hôpitaux, de délivrer, sans nécessité urgente, des certificats aux convalescens qui demanderoient des chevaux ou des voitures pour se transporter à leur régiment : enjoint aux Commissaires des guerres de veiller très-scrupuleusement à l'exécution du présent article.

17.

TOUT ce que dessus sera exécuté par les Médecins & Chirurgiens-majors, à peine de retenue de deux mois d'appointemens, & de plus grande peine s'il y échet, même de destitution de leur emploi, & d'être déclarés incapables de servir dans les Hôpitaux du Roi, s'ils donnoient lieu à des abus graves, par négligence, connivence ou autrement.

18.

LES Administrateurs, Entrepreneurs ou Directeurs des Hôpitaux, rendront gratuitement au régiment, les effets des Soldats décédés dans lesdits Hôpitaux ; & il sera payé auxdits Administrateurs ou Entrepreneurs six sous pour chaque Soldat qui sortira en bonne santé de l'Hôpital où il aura été traité.

TITRE XVIII.

Des Morts & de leur Sépulture.

ARTICLE PREMIER.

IMMÉDIATEMENT après le décès d'un malade ou blessé, son corps sera transporté, par les Infirmiers de quartier, dans le lieu qui sera destiné à cet effet. Fait Sa Majesté très-expresses inhibitions & défenses de laisser aucun mort dans les salles ou lieux de passage, à peine de punition exemplaire contre les Infirmiers.

2.

LES corps des malades ou blessés décédés, ne seront enterrés que vingt-quatre heures au plus tôt après leur mort, excepté dans les cas où le Médecin & le Chirurgien-major en décideroient autrement.

3.

LES enterremens seront faits, autant qu'il sera possible, à la pointe du jour; enjoint Sa Majesté aux Aumôniers d'y assister, pour y réciter les prières ordonnées par l'Église.

4.

LES fosses dans lesquelles les morts seront enterrés, auront au moins quatre pieds de profondeur, & seront très-exactement remplies de terre bien foulée après que les corps y auront été déposés: Veut Sa Majesté que les Fossoyeurs, ou tous autres qui se trouveront convaincus d'avoir enlevé les draps ou linceuls dans lesquels les défunts auront été ensevelis, soient mis en prison, pour être punis suivant l'exigence des cas.

5.

SI les symptômes d'une maladie avoient donné l'indication de quelque épidémie, ou si l'incertitude des caractères avoient empêché d'en connoître la cause, les

Médecins & Chirurgiens-majors feront ou feront faire, en leur préfence, l'ouverture des cadavres, à l'effet d'acquérir les notions capables de déterminer, dans des cas femblables, l'application du traitement le plus convenable : ils drefferont procès-verbal de ce qu'ils auront remarqué d'intéreffant, & l'adrefferont fur le champ à l'Intendant de la province & au Secrétaire d'État ayant le département de la Guerre.

6.

L'AUMÔNIER de chaque Hôpital, fera tenu d'avoir un regiftre coté & paraphé à chaque page par le Commiffaire des guerres, dans lequel il infcrira tous les malades ou bleffés qui feront morts dans l'Hôpital dont il a la direction fpirituelle : ce regiftre contiendra le nom de famille & de guerre de chaque Soldat, Cavalier, Chevau-léger, Huffard, Dragon ou Chaffeur à cheval; le lieu de fa naiffance, l'Élection, Bailliage, Sénéchauffée ou Châtellenie dans le reffort defquels ledit lieu fera fitué; le nom du régiment & de la compagnie où il fervoit, la date du jour de fon entrée dans l'Hôpital & celle du jour de fa mort.

7.

AU cas que l'Aumônier n'eût pas une connoiffance fuffifante du Soldat décédé, pour énoncer tous ces détails fur fon regiftre, il aura recours au billet d'entrée que le Directeur fera tenu de lui communiquer.

8.

EN cas de retraite ou changement de l'Aumônier d'un Hôpital pour paffer dans un autre, l'Aumônier fortant fera tenu de remettre à l'Aumônier entrant le regiftre dont il s'agit; & ledit Aumônier fortant ne fera payé de fes appointemens qu'en rapportant le récépiffé dudit regiftre figné par fon fucceffeur.

9.

L'AUMÔNIER formera fur chaque article de fon

régiſtre, deux certificats du décès de chaque Soldat; il les fera légaliſer & ſigner par le Commiſſaire des guerres ou par le Major de la Place, ou par le Subdélégué, & les remettra enſuite ou les adreſſera au Commiſſaire des guerres.

Si le régiment auquel appartenoit l'homme décédé eſt dans le lieu, le Commiſſaire des guerres remettra un des deux certificats à l'Officier chargé du détail, pour l'envoyer à la famille, & il adreſſera l'autre au Secrétaire d'État ayant le département de la Guerre; & dans le cas où le régiment ne ſe trouveroit point dans la Place, le Commiſſaire adreſſera les deux certificats au Secrétaire d'État ayant le département de la Guerre, qui en fera paſſer un au régiment & l'autre à la famille.

10.

L'AUMÔNIER remettra tous les deux mois l'extrait de ſon regiſtre au Commiſſaire des guerres, qui l'adreſſera au Secrétaire d'État ayant le département de la Guerre, avec le procès-verbal d'aſſemblée.

11.

TOUT ce que deſſus ſera exécuté par les Aumôniers de chacun des Hôpitaux de Sa Majeſté, à peine de la retenue de deux mois d'appointemens.

12.

POUR maintenir l'ordre des ſucceſſions & aſſurer le repos des familles des Soldats, Cavaliers, Chevaux-légers, Huſſards, Dragons ou Chaſſeurs à cheval, décédés au ſervice du Roi, & remédier aux inconvéniens qui pourroient réſulter de la perte des regiſtres des Aumôniers, ou des certificats mortuaires envoyés aux régimens; ordonne Sa Majeſté que, par les ordres du Secrétaire d'État ayant le département de la Guerre, il ſera tenu un regiſtre alphabétique, dans lequel, régiment par régiment, & compagnie par compagnie, ſeront enregiſtrés tous les Soldats, Cavaliers, Chevaux-légers, Huſſards, Dragons ou Chasseurs morts dans les Hôpitaux du Roi; ledit regiſtre contenant leurs noms de famille & de guerre, le lieu de leur naiſſance, l'Élection, Bailliage, Sénéchauſſée ou Châtellenie, dans le reſſort deſquels ledit lieu ſera ſitué, le nom de l'Hôpital où ils ſeront décédés, & la date de leur décès; duquel regiſtre il ſera délivré gratuitement des extraits par celui qui ſera commis & prépoſé à cet effet par ledit Secrétaire d'État.

TITRE XIX.

De l'Hôpital ambulant.

ARTICLE PREMIER.

LES Hôpitaux ambulans à la ſuite des Armées, ſeront dirigés conformément à tout ce qui eſt preſcrit dans les Titres & Articles de la préſente Ordonnance.

2.

FAIT défenſes Sa Majeſté aux Officiers de ſes Troupes, d'expédier aux Soldats, Cavaliers, Chevaux-légers, Huſſards, Dragons ou Chaſſeurs malades ou bleſſés, aucuns billets d'entrée dans les Hôpitaux ambulans, lorſque leſdits malades ou bleſſés ſeront en état de ſe tranſporter ſans danger, dans l'Hôpital fixe le plus voiſin.

3.

FAIT Sa Majeſté ſemblables défenſes aux Commiſſaires des guerres, Directeurs & Contrôleurs ayant la police & adminiſtration des Hôpitaux ambulans, d'y recevoir ou admettre aucun Soldat, Cavalier, Chevau-léger, Huſſard, Dragon ou Chaſſeur malade ou bleſſé, qui ſera en état de ſe rendre ſans danger dans l'Hôpital fixe le plus prochain; auquel cas les Commiſſaires des guerres pourront mettre au dos du billet qui leur ſera préſenté, l'ordre pour la réception du malade ou bleſſé dans ledit Hôpital le plus prochain.

4.

LES malades ou blessés n'étant admis dans les Hôpitaux ambulans, que pour y recevoir les premiers secours, lesdits Hôpitaux seront évacués journellement sur l'Hôpital le plus prochain, conformément à ce qui est porté par le Titre II.

TITRE XX.

De la forme & de l'arrêté des états de dépense des Hôpitaux du Roi.

ARTICLE PREMIER.

LE Directeur de chaque Hôpital sera tenu d'avoir pour chaque deux mois, un registre sur lequel il portera jour par jour, & sans aucun blanc ni interligne, tous les malades ou blessés, restés dans l'Hôpital le dernier du mois précédent, ceux qui y seront entrés pendant les mois courans, ceux qui en seront sortis, & enfin ceux qui y seront décédés; ce registre sera paraphé à chaque page, par le Commissaire des guerres.

2.

LE registre contiendra pour chaque malade ou blessé, les noms du régiment & de la compagnie, ceux de famille & de guerre, avec la qualité, le lieu de la naissance, l'Élection, Bailliage, Sénéchaussée ou Châtellenie, dans le ressort desquels ledit lieu sera situé, le jour de l'entrée, celui de la sortie & celui de la mort, conformément aux billets d'entrée qui leur seront remis, ainsi qu'il est ordonné au Titre I.er, article 4, & ledit Directeur enliassera lesdits billets d'entrée & de sortie, par ordre de régiment & de date.

3.

LE Contrôleur de l'Hôpital, s'il y en a, tiendra de sa part, un registre semblable, qu'il remplira au moyen des billets d'entrée qui lui seront présentés avant d'être remis au Directeur, des états de transport des malades de l'Hôpital dans un autre, des notes ou listes des Médecins & Chirurgiens-majors, pour la sortie des convalescens ou incurables, qui lui seront communiquées chaque jour, des billets desdites sorties qu'il visera, & des registres des Aumôniers & Chirurgiens qu'ils seront tenus de lui représenter toutes les fois qu'il le demandera.

4.

TOUS les deux mois le Directeur de l'Hôpital sera tenu de présenter, dans les huit premiers jours du mois suivant, au Commissaire des guerres, l'état des journées des Soldats qui restoient audit Hôpital, au 1.er desdits deux mois précédens, de ceux qui y seront entrés malades ou blessés pendant lesdits deux mois, de ceux qui en seront sortis & de ceux qui y seront morts: cet état sera distingué régiment par régiment, & contiendra en plusieurs colonnes, le nom de la compagnie de chaque Soldat, Cavalier, Chevau-léger, Hussard, Dragon ou Chasseur à cheval; ses noms de famille & de guerre, le grade du malade, le lieu de sa naissance, l'Élection, Bailliage, Sénéchaussée ou Châtellenie, dans le ressort desquels ledit lieu sera situé, & la nature des maladies sous les dénominations de *fiévreux, blessé* ou *vénérien,* les jours d'entrée, de sortie ou de mort; & le total des journées que chaque malade sorti ou mort, aura passées dans l'Hôpital, sera porté dans la même ligne, où seront de suite mentionnées les retenues faites sur chacun d'eux.

5.

DANS le nombre des journées de l'état ci-dessus, ne seront point compris le jour de la sortie, ni même celui de la mort, à moins que le malade ne meure le jour de son entrée à l'Hôpital.

6.

LES malades restans seront compris nominativement dans lesdits états, & le nombre de leurs journées y sera de même porté; mais la dépenſe qui les concerne n'y ſera employée que lors de la ſortie deſdits malades reſtans, & les journées ne ſeront payées qu'à cette époque, aux Adminiſtrateurs ou Entrepreneurs.

7.

Le Directeur joindra à l'état ci-deſſus, les pièces juſtificatives de l'entrée de chaque Soldat, Cavalier, Chevau-léger, Huſſard, Dragon ou Chaſſeur à cheval, conſiſtant dans les billets d'entrée & les états d'évacuation des malades ou bleſſés qui auront été envoyés des autres Hôpitaux.

Il joindra au même état, les doubles des billets de ſortie.

8.

A l'égard des Soldats reſtans qui ſeront mentionnés dans ledit état, ſuivant l'article 6 précédent, le Directeur ne devant porter en dépenſe leurs journées que lorſqu'ils ſeront ſortis, il gardera par-devers lui, leurs billets d'entrée juſqu'au moment de leur ſortie ou de leur mort, lors de laquelle ſeulement pourront être exercées les retenues qui les concerneront.

9.

Il ſera fait à la ſuite dudit état, une récapitulation du nombre de journées, & du montant des retenues faites: laquelle recapitulation contiendra, en pluſieurs colonnes, régiment par régiment, le nombre des hommes ſortis ou morts, & celui des journées, diſtingué par genre de maladies, & le montant des retenues par chaque régiment.

10.

Cette récapitulation ſera ſuivie de l'état général des dépenſes, dans lequel ſera établi le montant de toutes les journées, tant d'Officiers que de Soldats & autres, ſortis ou morts, d'après les prix fixés par les marchés, en déduction duquel montant ſera enſuite porté le total des retenues, pour le réſultat être au compte du Roi.

11.

A la ſuite de ce réſultat ſeront portés les appointemens & journées de nourriture au compte du Roi, des Commis aux ſalles, des Chirurgiens & Apothicaires-aide-majors, Sous-aide-majors & Elèves, des Portiers & Infirmiers; & ces dépenſes, réunies au réſultat qui les précède, formeront le total de celles qui devront être employées dans les états de dépenſes des journées.

12.

ENFIN, l'état ſera terminé par une ſeconde récapitulation des malades ou bleſſés reſtés des mois précédens, de ceux qui ſeront entrés, ſortis ou morts pendant les deux mois dont il s'agit d'établir la dépenſe, & de ceux qui reſtoient le dernier deſdits deux mois.

13.

LE Directeur ſera tenu de faire mention dans la colonne des jours de ſortie, des Soldats, Cavaliers, Chevaux-légers, Huſſards, Dragons ou Chaſſeurs à cheval qui, de ſon Hôpital, auront été envoyés dans un autre ; ce qu'il fera, en écrivant au-deſſous de la date de la ſortie, le nom de l'Hôpital où ledit Soldat, Cavalier, &c. aura été envoyé.

La colonne de la ſortie ſera diviſée à cet effet en deux, dont l'une déſignera les malades ſortis par billet, & l'autre ceux ſortis par évacuation.

14.

L'ÉTAT préſenté au Commiſſaire des guerres en la forme ci-deſſus, ſera par lui vérifié ſur les pièces juſtificatives, en préſence du Contrôleur, de l'Aumônier, du Médecin & du Chirurgien-major, leſquels apporteront les regiſtres qu'ils auront tenus, & les communiqueront au Commiſſaire lorſqu'ils en ſeront requis; & ladite vérification faite, l'état certifié par les Directeur & Contrôleur conforme à leur regiſtre, ſera clos & arrêté par ledit Commiſſaire.

15.

Veut & ordonne Sa Majeſté, qu'au cas que par la vérification ci-deſſus, il ſe trouve que les Directeurs aient employé des noms de malades ou bleſſés ſuppoſés, ou qu'ils aient augmenté les journées deſdits malades ou bleſſés au-delà de celles qu'ils ont effectivement paſſées dans l'Hôpital, il en ſoit dreſſé procès-verbal par le Commiſſaire des guerres, qui le fera ſigner par les Contrôleur, Aumônier, Médecin & Chirurgien-major préſens, pour, ſur le vu dudit procès-verbal, être leſdits Directeurs qui auront préſenté leſdits états de dépenſe, privés de leur emploi, & condamnés en une amende de quinze cents livres, applicable à l'Hôpital des pauvres du lieu, ou autre plus prochain, s'il n'y en a point dans le lieu; & au cas qu'il y ait un dénonciateur, la moitié de l'amende ſera prononcée à ſon profit, & l'autre moitié au profit de l'Hôpital du lieu ou du plus prochain; de laquelle moitié d'amende le dénonciateur ſera payé en déduction de ce qui ſera dû à l'Adminiſtrateur ou Entrepreneur, tenu de répondre civilement des faits de ſon Directeur, ſur le certificat du Commiſſaire des guerres, portant que la fauſſeté ou la ſuppoſition a été reconnue ſur la dénonciation.

16.

Indépendamment dudit état de journées & des dépenſes qui y ſont relatives, il ſera fait un état ſéparé des dépenſes extraordinaires, au compte du Roi, que l'Adminiſtrateur, Entrepreneur ou Directeur eſt tenu de payer tous les deux mois, conſiſtant dans les appointemens des Contrôleurs, de l'Aumônier, des Officiers de ſanté en chef, ainſi qu'ils ſont réglés aux Titres qui les concernent, & autres objets de dépenſe qu'il eſt tenu d'acquitter.

17.

En marge de l'état nominatif de tous ceux dont le Directeur payera les appointemens, ſera porté leur acquit; & pour tous les autres objets de dépenſe qu'il ſera tenu

d'acquitter,

d'acquitter, il rapportera les pièces justificatives des payemens qu'il en aura faits.

18.

Il sera fait, tous les deux mois, quatre expéditions de chacun de ces états, signées les unes comme les autres par le Directeur, par le Contrôleur & le Commissaire des guerres; desquelles expéditions trois seront envoyées par le Commissaire des guerres au Commissaire-ordonnateur, ou principal du département, qui, après les avoir visées, les adressera, avec les pièces justificatives, à l'Intendant de la Province, qui en devra faire passer une au Secrétaire d'État de la Guerre, avec lesdites pièces justificatives, remettra au Trésorier la seconde, revêtue de son ordonnance, & conservera la troisième: & seront lesdites expéditions remises à leur destination le 10, & au plus tard le 15 du mois suivant ceux pour lesquels l'état aura été arrêté, à peine contre les Directeurs de cent livres d'amende pour les retards qui proviendroient de leur négligence.

19.

Le montant du prix des journées, sera porté dans les états de dépense formés chaque deux mois, sur le pied réglé par les Traités faits avec les Administrateurs ou Entrepreneurs.

TITRE XXI.

Des Retenues aux Troupes pour journées d'Hôpitaux.

Article premier.

Les retenues à faire aux Troupes pour les journées des Soldats aux Hôpitaux, seront exercées, conformément aux Tarifs dressés à ce sujet; & lorsque les Troupes seront dans le royaume, ſur tous les régimens & corps auxquels leſdits Soldats appartiendront.

2.

En conſéquence, veut Sa Majeſté, que les Commiſſaires des guerres, lors de leurs revues, dans leſquelles ils ne doivent comprendre que les hommes préſens ſous les armes, ceux abſens par ſemeſtre ou par congé limité, & ceux exiſtans dans l'Hôpital du lieu, ſoient tenus de porter à la ſuite, pour *mémoire* ſeulement, les hommes déclarés exiſtans dans les Hôpitaux externes, & de les rappeler dans leur revue ſubſéquente (au moyen d'un état nominatif arrêté par eux, qui reſtera annexé à chaque extrait de revue) ſur le vu des feuilles de retenue qui leur ſeront préſentées par les régimens à qui le Tréſorier les aura données pour comptant; & ce pour tout le temps que leſdits hommes auront ſéjourné dans leſdits Hôpitaux; leſquelles feuilles de retenue ſeront jointes à la revue qu'ils adreſſeront aux Intendans des Provinces, comme pièces juſtificatives.

3.

Lorsque les Armées ſeront hors du royaume, les retenues ceſſeront d'être exercées; les Commiſſaires des guerres paſſeront alors comme abſens les hommes déclarés être aux Hôpitaux, & n'en feront mention que pour *mémoire* dans leurs extraits de revues.

4.

Toutes les feuilles de retenue ſeront vérifiées par le Commiſſaire des guerres, ſur les contrôles des régimens, pour éviter toute erreur.

5.

Les feuilles de retenue ſeront expédiées tous les deux mois par les Adminiſtrateurs ou Entrepreneurs des Hôpitaux militaires & de charité, conformément aux états de dépenſes; elles ſeront certifiées par le Directeur, contrôlées par le Contrôleur, & viſées par le Commiſſaire des guerres, chargé de la police de l'Hôpital.

Le montant desdites feuilles de retenue sera acquitté dans chaque endroit, sans déduction des quatre deniers pour livre, par le Trésoier de la guerre, qui les donnera pour comptant aux régimens.

6.

LESDITES feuilles de retenue contiendront les noms des compagnies, de famille & de guerre de tous les malades sortis de chaque Hôpital, leur grade, le nombre de leurs journées & la somme à retenir. Au dos desdites feuilles de retenue, seront portés nominativement les malades du même régiment restans à l'Hôpital, pour lesquels il ne doit être expédié de feuille de retenue que lors de leur sortie, & ce, pour donner seulement connoissance audit régiment, de l'Hôpital où sont restés lesdits malades.

7.

LES retenues sur la solde des Soldats, Cavaliers, Chevaux-légers, Hussards, Dragons ou Chasseurs à cheval, seront faites, à la réserve de ce qui est affecté à la masse des Troupes pour l'entretien du linge & chaussure, conformément aux tarifs, & portées dans les états de dépense, en déduction de ce qui est à payer par le Roi.

8.

LES retenues sur les Officiers, pour les journées qu'ils auront passées aux Hôpitaux, seront faites au prix porté dans les tarifs.

9.

LES retenues qu'il est d'usage de faire, pour raison de la dépense des Servans, en sus du prix de la journée, sur lesdits Officiers & tous ceux dénommés dans les tarifs, autres que les Soldats, Cavaliers, Chevaux-légers, Hussards, Dragons ou Chasseurs à cheval, seront exercées conformément auxdits tarifs, & portées dans les états de dépense, en déduction de ce qui est à payer par Sa Majesté.

TITRE XXI.

10.

La dépense des hommes de recrue qui n'auront point encore rejoint leurs régimens ou les dépôts qui leur feroient affectés, sera à la charge des corps pour lesquels ils sont destinés, conformément aux dispositions énoncées en l'article 7 du Titre I.er

11.

Les journées qui se trouveront employées dans les états d'Hôpitaux pour le 31 des mois de Janvier, Mars, Mai, Juillet, Août, Octobre & Décembre, seront payées en entier au compte de Sa Majesté, & sur le même pied que les autres journées.

12.

Le droit de six sous pour la sortie de chaque convalescent, accordé à l'Administrateur ou Entrepreneur pour la garde des effets des malades, & de quarante sous pour chaque enterrement, sera pareillement porté en entier au compte du Roi.

Les six sous de sortie ne seront point alloués pour ceux des malades qui sortiront par évacuation.

13.

S'il y a des feuilles de retenues refusées, les raisons de refus seront détaillées par écrit sur la feuille même, visée par le Commissaire des guerres, chargé de la police du régiment, & la feuille renvoyée. Dans les cas où le refus auroit été fondé, l'erreur sera corrigée dans un état de dépense subséquent, auquel sera jointe la feuille de retenue refusée,

14.

La valeur des effets appartenans à l'Administrateur ou Entrepreneur, lesquels seront cassés ou dégradés par les malades, ou tous autres attachés au service, lui sera payée par retenue sur les appointemens, gages ou solde de ceux qui les auront brisés.

TITRE XXII.

TITRE XXII.

Des Commandans des Places.

ARTICLE PREMIER.

LE mouvement de l'Hôpital ſera porté chaque jour au Commandant de la Place.

2.

LES Commandans des Places chargeront, chaque jour, un ou pluſieurs Officiers de la garniſon, de la viſite de l'Hôpital, leſquels ſeront tenus d'aſſiſter à la diſtribution des alimens du matin, de même qu'à celle du ſoir.

3.

LES Officiers ne pouvant rien ordonner, il leur ſera préſenté, lors de leur viſite, un regiſtre coté & paraphé par le Commiſſaire des guerres, dans lequel ils porteront en bref, les obſervations qu'ils auront à faire ſur les diverſes fournitures qui y ſeront déſignées, pour qu'en marge de chaque article leſdits Officiers puiſſent en indiquer les qualités, & que ce regiſtre repréſenté au Commiſſaire des guerres, lui annonce chaque jour le jugement qu'ils en auront porté.

4.

LES Officiers chargés de la viſite de l'Hôpital rendront compte au Commandant de la Place de tout ce qu'ils auront remarqué lors de leur viſite. Le Commandant de la Place fera lui-même des viſites à l'Hôpital, ſoit de jour, ſoit de nuit, toutes les fois qu'il le jugera convenable, pour s'aſſurer ſi le ſervice s'y fait conformément aux Ordonnances; s'il s'aperçoit de quelques abus, il en avertira le Commiſſaire des guerres, pour qu'il les faſſe ceſſer; faute de quoi il en rendra compte au Commandant de la Province.

5.

Il sera commandé, chaque jour, un ou deux Sergens de planton, qui devront, suivant l'usage, assister aux pesées de la viande du matin & de l'après-midi, ainsi qu'à celles du pain, après s'être fait remettre par le Directeur, le mouvement qui doit certifier la quantité de Malades, d'Infirmiers ou autres qui doivent participer à la consommation des alimens; lesdits Sergens se conformeront à ce qui est prescrit par l'article 7 du Titre VIII, & à ce qui pourroit leur être ordonné pour le bien du service, par le Commissaire des guerres.

6.

Lorsque les bâtimens de l'Hôpital exigeront des réparations considérables, ou qu'il sera nécessaire de procéder à la construction de nouveaux bâtimens pour le service, les Commandans des Places seront appelés à donner leur avis, tant sur la nature des ouvrages à faire, que sur le devis qui en sera dressé; & l'adjudication desdits ouvrages, s'il y a lieu, ne pourra se faire qu'en leur présence; les Commandans des Places rendront compte du tout au Commandant de la Province.

TITRE XXIII.

Des Commissaires-ordonnateurs & principaux des guerres; & des Commissaires à département, chargés de la police des Hôpitaux.

ARTICLE PREMIER.

Les Commissaires-ordonnateurs & principaux des guerres, auront, sous l'autorité des Intendans des Provinces, la police supérieure des Hôpitaux établis dans l'étendue de leurs départemens; ils les visiteront au moins une fois par an, & s'y transporteront toutes les fois que les circonstances l'exigeront; ils veilleront à ce que les Commiſſaires à département, chargés de la police de chaque Hôpital, y rempliſſent exactement les fonctions qui leur ſont attribuées, & leur donneront à cet effet les inſtructions qu'ils jugeront convenables, après néanmoins qu'elles auront été approuvées par les Intendans de la Généralité, auxquels ils doivent les communiquer. Les Commiſſaires-ordonnateurs & principaux, ſe conformeront au ſurplus à tout ce qui leur eſt preſcrit par la préſente Ordonnance.

2.

TOUS les Officiers & Employés de chaque Hôpital, ſans aucune exception, ſeront aux ordres du Commiſſaire des guerres auquel ils rendront compte de leur conduite, & ſeront tenus de repréſenter leurs regiſtres, toutes les fois qu'il le requerra, à peine de déſobéiſſance.

3.

LE Commiſſaire des guerres tiendra la main à ce que leſdits Officiers & Employés exécutent ce qui leur eſt preſcrit par les articles de la préſente Ordonnance; en cas de négligence, fraude ou autres délits de la part des Directeurs, Contrôleurs, Commis aux ſalles, Aumôniers, Médecins, Chirurgiens-majors, Apothicaires en chef, Chirurgiens & Apothicaires-aides-majors, Sous-aides-majors & Élèves, il en inſtruira l'Intendant du département & procédera contre eux, ainſi qu'il eſt ordonné pour les cas qui ont été prévus, même pourra les interdire, pour cas grave, juſqu'à nouvel ordre.

4.

A l'égard des Infirmiers, Portiers, Cuiſiniers, Balayeurs, & généralement de tous les Employés ſervans de l'Hôpital, ſoumis à ſa police, il les punira des peines portées en la préſente Ordonnance; & dans les cas imprévus, par des amendes prononcées au profit des pauvres du lieu, expulſion de l'Hôpital & empriſonnement, ſuivant les circonſtances, à la charge néanmoins d'en informer l'Intendant du département.

5.

TOUT Soldat, Cavalier, Chevau-léger, Huſſard, Dragon ou Chaſſeur, malade ou bleſſé, ſera pareillement ſoumis aux ordres & à la juridiction du Commiſſaire des guerres, dans tous les cas qui intéreſſeront le ſervice & la police de l'Hôpital.

6.

LE Sergent de garde de l'Hôpital recevra les conſignes du Commiſſaire des guerres, pour les donner aux Sentinelles, & ſera à ſes ordres.

7.

LE Commiſſaire des guerres veillera particulièrement ſur les Aides-majors, Sous-aides-majors, Élèves-chirurgiens & Apothicaires ; il aura ſoin de ſe faire rendre compte de leurs talens, de leur application, de leurs mœurs, de leur conduite, & de ſe faire remettre tous les ſix mois, par les Officiers de ſanté en chef, un état où ſera conſigné le jugement qu'ils en porteront, pour adreſſer ledit état avec ſes obſervations, au Secrétaire d'État ayant le département de la guerre, & copie à l'Intendant de la Province.

8.

TOUS les Chirurgiens & Apothicaires-aides-majors, Sous-aides-majors & Élèves, étant payés au compte du Roi, ainſi que les Portiers & Infirmiers, le Commiſſaire des guerres tiendra la main à ce qu'il n'en ſoit employé aucun dans les Hôpitaux que conformément aux règles preſcrites.

9.

LA ſurveillance du Commiſſaire des guerres devant auſſi s'étendre ſur les bâtimens des Hôpitaux militaires, il rendra compte au Secrétaire d'État ayant le département de la Guerre, dans le procès-verbal de l'aſſemblée qui ſera tenue tous les deux mois, de l'état des bâtimens, ainſi que des réparations & ouvrages qu'ils exigeroient, &

& pourra ordonner les dépenſes urgentes & menues réparations juſqu'à la concurrence de trois cents livres par année & par Hôpital, ainſi qu'il eſt preſcrit par le Titre XXXIV; à charge de rendre compte audit Secrétaire d'État deſdites menues réparations, & de juſtifier de leur exécution par des états qui en contiendront le détail, leſquels ſeront certifiés par ledit Commiſſaire des guerres, & payés, ſur ſes ordres, par les Adminiſtrateurs ou Entrepreneurs, aux particuliers qui auront fait leſdits ouvrages.

10.

INDÉPENDAMMENT des viſites journalières que le Commiſſaire des guerres fera dans les ſalles, offices & magaſins de l'Hôpital, il en fera ſouvent d'extraordinaires de jour & de nuit, & au moment où il ſera le moins attendu, pour s'aſſurer par lui-même de la régularité du ſervice; lors de ces viſites, il ſe fera rapporter le regiſtre du Directeur, ſur lequel il fera l'appel des malades & bleſſés, Chirurgiens, Apothicaires & Infirmiers; & au cas de ſuppoſition, il procédera ainſi qu'il appartiendra.

11.

LE Commiſſaire des guerres ſera tenu au ſurplus de ſe conformer à tout ce qui le concerne perſonnellement dans les différens Titres de la préſente Ordonnance.

TITRE XXIV.

Des Contrôleurs.

ARTICLE PREMIER.

LE Contrôleur établi dans les principaux Hôpitaux, ſuppléera aux fonctions du Commiſſaire des guerres en ſon abſence, à l'exception néanmoins des cas de juridiction & des peines à prononcer, qui ſeront réſervées audit Commiſſaire des guerres, pour y pourvoir à ſon retour, sur le compte qui lui en sera rendu par le Contrôleur.

2.

A l'égard des fonctions particulières qui le concernent, il se conformera à tout ce qui est prescrit par les articles précédens ou suivans de la présente Ordonnance, & exécutera ponctuellement les ordres qui lui seront donnés par le Commissaire des guerres.

3.

SUR la représentation des billets d'entrée, le Contrôleur tiendra un registre de tous les Soldats qui seront reçus dans l'Hôpital, duquel registre il remettra chaque jour un extrait, faisant état de mouvement, au Commissaire des guerres & un autre au Commandant ou Major de la Place, s'il le requiert: il aura soin, à l'égard de ceux qui seront sortis ou décédés, de faire mention à leur article de la date de leur sortie ou de leur mort; lesquelles mentions il portera pareillement dans les extraits qu'il fournira au Commissaire des guerres, Commandant ou Major de la Place.

4.

LE même Contrôleur tiendra pareillement un autre registre de tous les Élèves-chirurgiens, Élèves-apothicaires & Infirmiers servant les malades & blessés; lequel *agenda* contiendra leur nom, les jours de leur entrée, ceux de leur sortie, & ceux auxquels ils auront cessé de servir pour cause de maladie. Il remettra à la fin de chaque mois un extrait de ce registre au Commissaire des guerres, pour le mettre en état d'arrêter, en plus grande connoissance de cause, l'état de la dépense de l'Hôpital.

5.

LE Contrôleur, en assistant à l'arrêté dudit état de dépense de chaque deux mois, sera pourvu de ses registres, à l'effet de vérifier, au moyen d'iceux, chaque article, & de rectifier les erreurs ou prévenir les surprises.

6.

IL fera régulièrement tous les jours, à neuf ou dix heures du soir, & quelquefois plus tard, aux heures où il sera le moins attendu, une ronde pour voir si les Chirurgiens & Infirmiers de garde veillent & font leur service, & pour faire punir ceux qui seront dans le cas de l'être.

7.

IL fera de temps en temps une visite générale de tous les bâtimens de l'Hôpital, dans laquelle il se fera accompagner de Maçons, Charpentiers & autres Experts, s'il est nécessaire; & s'il trouve des réparations indispensables, il en informera sur le champ le Commissaire des guerres, afin qu'il y pourvoie ainsi qu'il conviendra.

8.

POUR prévenir tout accident d'incendie, il aura soin que les tuyaux des cheminées, fourneaux & poêles, soient nettoyés & ramonés tous les quinze jours, & même plus souvent s'il en est besoin : ce nettoiement étant à la charge de l'Administrateur ou Entrepreneur, le Contrôleur y contraindra ou fera contraindre le Directeur par le Commissaire des guerres.

9.

LES places de Contrôleurs seront données de préférence aux Officiers parvenus par les grades de bas Officiers, qui seront reconnus capables de les remplir, toutefois après le remplacement de ceux des anciens auxquels il a été conservé un traitement, & qui seroient jugés en état de pouvoir reprendre leurs fonctions.

10.

LES appointemens des Contrôleurs sont réglés en raison de l'ordre dans lequel ont été classés les Hôpitaux militaires auxquels ils seront attachés :

Savoir:

A ceux employés (au nombre de cinq) dans les Hôpitaux du premier ordre . . . . 1500#

A ceux employés (au nombre de neuf) dans les Hôpitaux du second ordre . . . . 1200.

A ceux employés (au nombre de dix) dans les Hôpitaux du troisième ordre . . . . 800.

Et le nombre des Contrôleurs demeurera ainsi fixé.

11.

CES appointemens leur seront payés tous les deux mois par les Administrateurs ou Entrepreneurs qui passeront cet objet de dépense dans leurs états, sans autre déduction que celle de quatre deniers pour livre.

12.

DANS les Hôpitaux où il n'y aura point de Contrôleurs, tout ce qui leur est prescrit sera exécuté par les Directeurs en ce qui concerne les états à fournir, & par les Commis aux salles, en ce qui concerne la police intérieure.

13.

LES Contrôleurs seront logés, autant qu'il sera possible, dans les Hôpitaux.

TITRE XXV.

Des Administrateurs, Entrepreneurs, leurs Directeurs, Commis & Préposés.

ARTICLE PREMIER.

LES Administrateurs ou Entrepreneurs, leurs Directeurs, Commis ou Préposés, tiendront des registres exacts, & se conformeront scrupuleusement à ce qui leur est prescrit par la présente Ordonnance, ainsi que par les traités qui leur sont passés, ou le seront à l'avenir.

2. LES

2.

LES appointemens de l'Aumônier, des Contrôleurs, des Commis aux ſalles, des Médecins, Chirurgiens-majors, des Chirurgiens & Apothicaires, Aides-majors, Sous-aides-majors & Élèves, ainſi que les gages des Portiers & des Infirmiers, ſeront payés tous les deux mois par les Adminiſtrateurs ou Entrepreneurs qui ſeront tenus de les porter dans leurs états de dépenſe, par nom & ſurnom, ſuivant leur qualité ou leur grade; mais en cas de maladie, de mort ou de ſortie, leurs appointemens, gages & journées de nourriture devant ceſſer, le Commiſſaire des guerres tiendra la main à ce que leſdits appointemens & journées de nourriture ne ſoient paſſés que pendant le temps de leur ſervice dans l'Hôpital.

3.

LES nourritures, traitemens, tant en ſanté qu'en maladie, des Directeurs, Commis & Prépoſés des Adminiſtrateurs ou Entrepreneurs, ſeront au compte deſdits Adminiſtrateurs ou Entrepreneurs, auxquels il ne ſera paſſé dans les états de dépenſe que le traitement en maladie des Aumôniers, Médecins, Chirurgiens-majors & autres dont les appointemens ſont payés par le Roi; à charge néanmoins des retenues qui ſeront exercées ſur leſdits appointemens.

4.

TOUS les effets & uſtenſiles néceſſaires à la manutention du ſervice, ſeront fournis par les Adminiſtrateurs ou Entrepreneurs: tous les effets à demeure, de la garde & conſervation deſquels ils ſeront tenus, reſteront à la charge du Roi; & tous les ans il en ſera fait, dans chaque Hôpital, par le Commiſſaire des guerres en ayant la police, un inventaire, dont expédition ſera par lui envoyée au Secrétaire d'État ayant le département de la Guerre, & à l'Intendant de la Province.

5.

LES Adminiſtrateurs ou Entrepreneurs devront toujours

avoir des approvisionnemens en quantité suffisante pour assurer le service pendant six mois au moins ; à l'effet de quoi il leur sera fourni les magasins & emplacemens nécessaires.

6.

LES Directeurs seront logés de préférence à tous autres dans les Hôpitaux.

7.

IL sera permis au Directeur de faire des visites dans toutes les chambres des Chirurgiens & Apothicaires, Infirmiers & autres Employés dans l'Hôpital, pour reconnoître s'il ne s'y trouve aucuns effets ou denrées appartenans à l'Administrateur ou Entrepreneur : ces visites se feront en présence du Contrôleur ou du Commis aux salles, qui en rendra compte au Commissaire des guerres.

TITRE XXVI.

Des Commis aux salles.

ARTICLE PREMIER.

SA MAJESTÉ établit des Commis aux salles dans les Hôpitaux militaires pour le maintien de leur police intérieure.

2.

LES Commis aux salles seront surbordonnés aux Contrôleurs, qu'ils suppléeront en tout ce qui concerne la police, & aux Directeurs pour faire exécuter leurs ordres relativement au service.

3.

ILS tiendront la main à ce que les Infirmiers, dont la police leur est particulièrement attribuée, remplissent exactement leurs devoirs.

4.

ILS veilleront à la tenue des salles & à y maintenir la netteté, la clarté, & la température qui doit être réglée par les Officiers de santé.

5.

ILS ſuivront les viſites des Officiers de ſanté, ainſi que la diſtribution des alimens & médicamens.

6.

ILS s'attacheront à connoître par de fréquentes viſites, tant de jour que de nuit, tout ce qui pourroit être néceſſaire aux malades, afin qu'il y ſoit ſur le champ pourvu, ſoit par eux-mêmes, ſoit par les Infirmiers auxquels ils preſcriront de le faire.

7.

S'ILS s'aperçoivent de quelque négligence dans des détails, qui regardent les Directeurs, ils en préviendront les Contrôleurs, s'il y en a; & à leur défaut, ils pourront faire directement leurs repréſentations aux Directeurs.

8.

ILS rendront compte au Contrôleur, dans tous les Hôpitaux où il y en aura, & à leur défaut, aux Commiſſaires des guerres en ayant la police.

9.

LES Commis aux ſalles ſeront choiſis parmi les bas Officiers, Sergens ou Fourriers retirés du ſervice avec ſolde ou demi-ſolde.

10.

LE traitement des Commis aux ſalles, ſera fixé à dix-huit livres par mois, & leur ſera payé, au compte du Roi, par les Adminiſtrateurs ou Entrepreneurs, qui l'emploîront dans leurs états de dépenſe de chaque deux mois, en ſus de la nourriture qui ſera paſſée dans les états, au même prix que la journée des malades.

11.

LE nombre des Commis aux ſalles ſera réglé à raiſon de deux dans les Hôpitaux du premier ordre; à l'égard de ceux des ſecond, troiſième & quatrième ordres, où les fonctions desdits Commis seront jugées nécessaires au bien du service, il y sera pourvu par le Secrétaire d'État ayant le département de la Guerre, sur le compte qui lui en sera rendu.

TITRE XXVII.

De l'Aumônier.

ARTICLE PREMIER.

L'AUMÔNIER ne souffrira pas qu'aucun Soldat, Cavalier, Chevau-léger, Hussard, Dragon ou Chasseur catholique, soit trois jours dans l'Hôpital sans se confesser, & n'attendra pas que les Médecin ou Chirurgien-major l'avertissent. Il dira, tous les jours, la Messe à une heure réglée, fera la prière tous les soirs, & ensuite une ronde dans les salles, & ne négligera rien pour l'administration des Sacremens.

2.

L'AUMÔNIER fera de temps en temps des exhortations dans les salles, & couchera dans l'Hôpital, s'il est possible, ou au moins très-à-portée.

3.

LE pain, le vin, les cierges, & généralement tout ce qui sera nécessaire pour l'administration des Sacremens & l'entretien de la Chapelle, sera fourni par l'Administrateur ou Entrepreneur, qui sera tenu d'avoir une lampe perpétuellement allumée devant l'Autel.

4.

LE traitement de l'Aumônier lui sera payé, tous les deux mois, par les Administrateurs ou Entrepreneurs, qui porteront cet objet de dépense dans leurs états.

5.

ENJOINT au surplus, Sa Majesté, aux Aumôniers de ses Hôpitaux, de se conformer à ce qui leur est prescrit

par

par le Titre XVIII de la préſente Ordonnance, concernant les regiſtres mortuaires qu'ils doivent tenir, & les extraits qu'ils en doivent envoyer.

TITRE XXVIII.

Des Médecins & Chirurgiens-majors.

ARTICLE PREMIER.

LE Médecin ſe conformera à tout ce qui lui eſt preſcrit par les articles de la préſente Ordonnance qui le concernent.

2.

LES Apothicaires-majors, Aides-majors, Sous-aides-majors & Elèves, ſeront aux ordres, principalement du Médecin qui pourra propoſer au Commiſſaire des guerres le renvoi de tous les Élèves qui manqueroient de capacité & d'aſſiduité à leurs devoirs.

Il aura la même autorité ſur les Apothicaires-majors & Aides-majors en chef, en informant le Commiſſaire des guerres & l'Intendant du département, des raiſons qu'il y auroit de les renvoyer, afin qu'il y ſoit pourvu.

3.

LES Médecins en ſecond, dans les Hôpitaux où il en ſera placé, ſeront particulièrement chargés de diriger le Cours de Médecine qui doit y être fait, & de ſuppléer les premiers Médecins dans leurs fonctions.

4.

LES Médecins ſurnuméraires appointés, dans les Hôpitaux où il en ſera placé, ſeront ſubordonnés aux Médecins titulaires deſdits Hôpitaux, & en leur abſence, ils en rempliront les fonctions.

5.

DANS les Hôpitaux où il n'y aura point de Médecin, ou en ſon abſence, tout ce qui lui eſt preſcrit par la préſente Ordonnance, ſera exécuté par le Chirurgien-major.

6.

Le Chirurgien-major se conformera à tout ce qui lui est prescrit par les articles de la présente Ordonnance qui le concernent.

7.

Le Chirurgien-major est & sera le chef de tous les Chirurgiens-majors, Sous-aides-majors & Élèves de l'Hôpital, qui seront tenus de lui obéir comme à leur Supérieur, en tout ce qui concerne son art & le service; & il pourra proposer au Commissaire des guerres le renvoi de tous ceux qui manqueroient de capacité & d'assiduité à leurs devoirs.

8.

Le Chirurgien-major obligera tous les Élèves-chirurgiens, de coucher à l'Hôpital; & s'il y est logé lui-même, il fera une ronde toutes les nuits dans leur chambre, pour s'assurer qu'ils y sont, ou en chargera un Aide-major en sa place.

9.

Le Chirurgien-major en second, dans tous les Hôpitaux où il en sera placé, sera particulièrement chargé des Cours de Chirurgie & d'Anatomie qui devront y être faits, & de suppléer le premier Chirurgien-major dans toutes ses fonctions.

10.

Les Médecin & Chirurgien-major de chaque Hôpital, rempliront exactement le registre qu'il leur est ordonné de tenir par l'article 15 du Titre XVII, lequel contiendra les noms des Soldats qui seront reçus dans les Hôpitaux, ainsi que la nature des maladies & infirmités dont ils sont attaqués; & tous les deux mois ils en donneront au Commissaire des guerres un extrait tendant à faire connoître le nombre des Soldats décédés, & la cause de leur mort; le nombre de ceux sortis non guéris & les motifs de leur non-guérison: cet extrait sera joint au procès-verbal de l'Assemblée qui se tiendra tous les deux mois, conformément à l'article I.er du Titre XXXIV.

11.

LES mêmes Officiers de ſanté remettront auſſi, tous les ſix mois, au Commiſſaire des guerres, des notes particulières ſur les talens, les mœurs & la conduite des Aides-majors, Sous-aides-majors & Élèves-chirurgiens & Apothicaires employés ſous leurs ordres.

12.

DANS le cas où les Médecin & Chirurgien-major d'un Hôpital, viendroient à le quitter, pour paſſer dans un autre ou pour toute autre deſtination, les ſortans ſeront obligés de remettre à ceux qui les remplaceront, les regiſtres qu'ils auront tenus, conformément à l'article 10, & les notes qu'ils auront faites, conformément à l'article 11; attendu que leſdits regiſtres & notes appartiennent à l'Hôpital, où ils doivent reſter en dépôt.

13.

TOUS les Médecins & Chirurgiens-majors des Hôpitaux militaires du Royaume, enverront exactement tous les trois mois au Secrétaire d'État ayant le département de la Guerre, les obſervations qu'ils feront ſur les différens ſymptômes & accidens des maladies, & rendront compte particulièrement au Médecin-inſpecteur chargé de la correſpondance, de l'état des Hôpitaux, ſpécialement des Pharmacies, des maladies qui auront régné, & des traitemens qu'ils auront mis en uſage.

14.

LORSQUE les places de Médecins & Chirurgiens-majors des Hôpitaux militaires, viendront à vaquer, les Intendans des Provinces, à qui il en ſera ſur le champ rendu compte par les Commiſſaires des guerres, en informeront le Secrétaire d'État ayant le département de la Guerre, pour y être par lui pourvu, conformément à l'ordre preſcrit par le Règlement de ce jour, concernant les amphithéâtres, pour la diſtribution de toutes les places d'Officiers de ſanté deſdits Hôpitaux: Voulant Sa Majeſté que cet ordre ſoit régulièrement obſervé; qu'en conſéquence, les ſurnuméraires qui ſe feront diſtingués dans les amphithéâtres, ſoient

TIT. XXVIII.

ſucceſſivement promus aux places d'Officiers de ſanté dans les Hôpitaux militaires, & que celles vacantes dans les grands Hôpitaux ſoient accordées à ceux d'entre les Titulaires qui, dans des places moins importantes, ſe ſeront montrés les plus dignes d'occuper les premières.

15.

SA MAJESTÉ rétablit les brevets de Médecins & Chirurgiens-conſultans des Camps & Armées, qu'Elle avoit jugé devoir attribuer à ceux qui s'en étoient rendus dignes; & ſon intention eſt que le nombre ſoit porté à cinq pour chaque Profeſſion. Voulant Sa Majeſté que ce titre ſoit accordé ſucceſſivement aux Officiers de ſanté qui le mériteront, & ne puiſſe les diſpenſer d'être chargés en temps de guerre, comme en temps de paix, de l'adminiſtration des Hôpitaux les plus conſidérables qui leur ſeroient confiés.

16.

LES traitemens des Médecins & Chirurgiens-majors de tous les Hôpitaux du Royaume, demeureront fixés, comme ils le ſont ci-après, en raiſon de l'ordre dans lequel les Hôpitaux militaires ont été claſſés dans l'état nominatif deſdits Hôpitaux, lequel eſt annexé à la préſente Ordonnance.

SAVOIR,

Hôpitaux militaires du premier ordre.

Aux Médecins en chef	2000ᵗᵗ
Aux Médecins en ſecond	1800.
Aux Chirurgiens-majors en chef	2000.
Aux Chirurgiens-majors en ſecond, Démonſtrateurs	1800.

Second ordre.

Aux Médecins titulaires	1500.
Aux Médecins ſurnuméraires employés	600.
Aux Chirurgiens-majors	1500.

Troiſième ordre.

Aux Médecins titulaires	1000.
Aux Chirurgiens-majors	1000.

Quatrième

Quatrième ordre.

Aux Médecins.............................. 800#

Aux Chirurgiens - majors........................ 800.

Cinquième ordre.

Aux Médecins & Chirurgiens - majors............ 600.

17.

Il ne fera attaché de Médecin & de Chirurgien-major en fecond qu'aux Hôpitaux militaires du premier ordre, & il ne fera employé que cinq Médecins furnuméraires appointés dans les Hôpitaux du fecond ordre.

18.

Le traitement des Médecins & Chirurgiens-majors leur fera payé à l'avenir, tous les deux mois, fans autre retenue que celle de quatre déniers pour livre, à compter du 1.er Juillet prochain, par les Adminiftrateurs ou Entrepreneurs, qui pafferont cet objet de dépenfe dans leurs états.

19.

Il ne fera déformais accordé de penfions auxdits Officiers de fanté qu'à l'époque de leur retraite, lorfque l'âge ou les infirmités les mettront hors d'état de fervir; & ces penfions feront réglées en raifon du traitement dont ils auront joui: au tiers du traitement après trente ans de fervice; à la moitié après trente-cinq ans; aux deux tiers après quarante ans; & la totalité du traitement fera confervée à ceux qui auront quarante-huit ans de fervice & au-delà: Se réfervant Sa Majefté de leur accorder des gratifications extraordinaires, & même des augmentations d'appointemens à titre de traitement extraordinaire, qui feront attachées au mérite & à l'ancienneté des fervices & non aux places, dont les traitemens fubfifteront tels qu'ils viennent d'être réglés.

20.

Les Officiers de fanté auxquels il auroit été accordé des appointemens plus forts que ceux qui leur font attribués par la préfente Ordonnance, continueront d'en jouir, &

cet excédant leur ſera payé à titre de traitement extraordinaire par les Adminiſtrateurs ou Entrepreneurs, ſans aucune retenue que celle de quatre deniers pour livre.

21.

Tous les Officiers de ſanté attachés au ſervice des Hôpitaux militaires, ſeront logés, autant que faire ſe pourra, dans les Hôpitaux, ou du moins à une proximité qui leur permette de s'y tranſporter facilement à toutes les heures.

TITRE XXIX.

Des Chirurgiens-aides-majors & Sous-aides-majors.

ARTICLE PREMIER.

Le Chirurgien-major aura ſous ſes ordres les Chirurgiens-aides-majors & Sous-aides-majors, dont les grades ſont rétablis, & partagera entre les Chirurgiens de ces grades, s'il y en a, ou bien à leur défaut entre les Élèves les plus inſtruits, le ſoin des ſalles de l'Hôpital, eu égard à la qualité des maladies ou bleſſures, & à leur habileté dans leur art.

2.

Les Chirurgiens Sous-aides-majors, s'il y en a, ſeront tenus d'obéir aux Aides-majors, lorſqu'ils ſe trouveront placés par le Chirurgien-major dans la même ſalle; à l'exception cependant des cas où le Chirurgien-major auroit donné des ordres contraires à ceux de l'Aide-major.

3.

Les Élèves-chirurgiens attachés à chaque ſalle, obéiront aux Aides-majors & Sous-aides-majors, s'il y en a, & en cas de contrariété, exécuteront toujours ce qui leur ſera preſcrit par le Chirurgien ſupérieur en grade.

4.

En cas d'abſence ou de maladie du Chirurgien-major, & juſqu'à ce qu'autrement il y ait été pourvu, il fera remplacé dans fes fonctions par le Chirurgien fupérieur en grade.

5.

Les appointemens des Aides-majors feront de vingt-quatre livres par mois, & ceux des Sous-aides-majors de vingt-une livres par mois, en fus de la nourriture qui fera paffée dans les états de dépenfe, au prix fixé pour la journée du Soldat.

6.

Ces appointemens feront au compte du Roi, & feront payés tous les deux mois, fans autre retenue que celle de quatre deniers pour livre, par les Adminiftrateurs ou Entrepreneurs des Hôpitaux, qui emploîront cet objet de dépenfe dans leurs états.

7.

Les Aides-majors & Sous-aides-majors feront nombre avec les Élèves-chirurgiens qui feront employés dans un Hôpital, à raifon du nombre des malades : ils y rempliront le même fervice & les mêmes fonctions, & il n'en fera établi qu'un de chaque grade dans les Hôpitaux feulement où il paroîtra convenable d'en placer.

8.

Parmi les Élèves-chirurgiens appointés des Hôpitaux militaires, feront choifis les Sous-aides-majors; & parmi les Sous-aides-majors, les Aides-majors, & ce d'après les notes des Officiers de fanté en chef qui doivent être envoyées tous les fix mois, par le Commiffaire des guerres, au Secrétaire d'État ayant le département de la Guerre & à l'Intendant de la Province.

9.

Les commiffions de Chirurgiens-aides-majors & Sous-aides-majors, feront expédiées d'après l'autorifation du Secrétaire d'État ayant le département de la guerre, par les Intendans des Provinces, & par ceux des armées, lorfqu'elles feront raffemblées.

TITRE XXX.

Des Élèves-chirurgiens.

ARTICLE PREMIER.

LE Chirurgien-major commandera chaque jour deux Chirurgiens de garde dans les grands Hôpitaux & un dans les autres; lesquels, sous peine d'amende pour la première fois, & d'être congédiés pour la seconde, ne sortiront pas de l'Hôpital le jour de leur garde, pour être toujours à portée de remédier aux accidens qui peuvent arriver en l'absence du Chirurgien-major ou Aide-major le jour & la nuit; pour visiter les malades qui entrent & les faire placer dans les salles qui leur sont destinées, par rapport à la nature de leurs maladies, & ordonner les remèdes qui leur sont nécessaires, à quoi l'Apothicaire se conformera.

2.

EN cas d'accidens graves & pressans, le Chirurgien de garde enverra avertir le Médecin ou le Chirurgien-major.

3.

LE Chirurgien de garde tiendra la main à ce que les Sentinelles & les Infirmiers fassent leur devoir pour empêcher les désordres, & il aura la plus grande attention à ce que les malades ou blessés ne mangent aucun fruit ni autre chose nuisible, & observent exactement le régime qui leur est prescrit.

4.

FAIT Sa Majesté défenses à tous Chirurgiens d'emporter hors de l'Hôpital, de la charpie, des bandes, emplâtres & autres objets appartenans audit Hôpital, à peine de dix livres d'amende pour la première fois, & d'être congédiés en cas de récidive.

5.

TOUT Élève-chirurgien qui sera sorti de l'Hôpital sans permission, ou qui en étant sorti avec permission, y rentrera

rentrera ivre, sera mis sur le champ en prison, & condamné en six livres d'amende pour la première fois, & en cas de récidive, sera chassé de l'Hôpital.

6.

TOUT Chirurgien qui sera convaincu d'avoir retranché ou fait retrancher, de son autorité & sans motif, quelque chose de la portion d'un malade ou blessé, sera condamné, pour la première fois, en dix livres d'amende; & pour la seconde, sera chassé de l'Hôpital, sans espérance d'y pouvoir rentrer ni dans aucun autre.

7.

LES Élèves-chirurgiens qui auront vendu des alimens aux malades ou blessés, seront mis sur le champ en prison, & condamnés en dix livres d'amende, & en cas de récidive, seront chassés de l'Hôpital.

8.

TOUT Élève-chirurgien convaincu de vol, friponnerie ou malversation, sera châtié sévèrement, & même livré à la Justice si le cas le requiert.

9.

LES appointemens des Chirurgiens-élèves sont fixés à dix-huit livres par mois, en sus de la nourriture qui sera passée dans les états de dépense au prix de la journée du Soldat.

10.

CES appointemens seront au compte du Roi, & payés tous les deux mois, sans autre retenue que celle des quatre deniers pour livre, par les Administrateurs ou Entrepreneurs, qui emploîront cet objet de dépense dans leurs états.

11.

LE nombre des Élèves-chirurgiens employés dans chaque Hôpital, y compris les Aides-majors & Sous-aides-majors, sera fixé à raison d'un pour dix Officiers, & d'un pour vingt-cinq malades indistinctement.

12.

UN Élève-chirurgien ne pouvant faire seul le service de jour & de nuit dans un Hôpital, il en sera toujours maintenu deux, lors même que le nombre des malades

TIT. XXX. tomberoit au-dessous de vingt-cinq; à l'exception des Hôpitaux du cinquième ordre, qui ne sont que des dépôts pour le traitement des Invalides, & où le Roi n'entretient qu'un Chirurgien.

13.

TOUS les Élèves-chirurgiens appointés dans les Hôpitaux militaires, seront tirés, autant qu'il sera possible, des Amphithéâtres: en conséquence, lors de la vacance d'une place d'Élève-chirurgien dans un Hôpital militaire, les Commissaires des guerres en informeront l'Intendant de la Province qui y pourvoira, en demandant, dans l'Amphithéâtre auquel ressortit ledit Hôpital, un Sujet qui sera choisi par les Officiers de santé en chef des Hôpitaux où sont les Amphithéâtres, lesquels les indiqueront à l'Intendant de la Province, & en son absence, au Commissaire-ordonnateur des guerres, pour être pourvu sans délai au remplacement.

14.

L'INTENTION de Sa Majesté n'étant point de donner l'exclusion aux Élèves-chirurgiens & Apothicaires, qui n'ayant point suivi les Amphithéâtres auroient fait preuve de talens; les Commissaires des guerres seront autorisés à admettre, dans ce cas (mais seulement lorsque les besoins du service l'exigeront), sur la présentation des Officiers de santé en chef, des Élèves employés dans d'autres établissemens que les Hôpitaux militaires, & en rendront compte à l'Intendant de la Province, ainsi que des motifs qui les auront déterminés.

15.

LES Chirurgiens-aides-majors, Sous-aides-majors & Élèves qui tomberont malades, seront traités dans l'Hôpital, & leurs journées seront payées conformément au traité, mais dans ce cas, leurs appointemens & nourriture cesseront d'être portés pendant ce temps, dans les états des Administrateurs ou Entrepreneurs.

16.

ENJOINT au surplus Sa Majesté à tous Élèves-chirurgiens, de ſe conformer aux articles de la préſente Ordonnance, en ce qui les concerne, ſous les peines y portées.

TITRE XXXI.

Des Apothicaires.

ARTICLE PREMIER.

L'APOTHICAIRE-MAJOR, les Aides-majors, Sous-aides-majors & Élèves-apothicaires ſe conformeront aux ordonnances du Médecin & du Chirurgien-major.

2.

VEUT & entend Sa Majeſté que tout ce qui a été ordonné dans les titres précédens pour les Chirurgiens-majors, Aides-majors, Sous-aides-majors s'il y en a, & Élèves-chirurgiens, ſoit exécuté par rapport aux Apothicaires des mêmes grades.

3.

IL ne ſera établi des Apothicaires-majors en chef, que dans les Hôpitaux du premier ordre dénommés dans l'état des Hôpitaux militaires, annexé à la préſente Ordonnance.

4.

LES Apothicaires-majors des cinq Hôpitaux du premier ordre, auxquels ſont attachés des Amphithéâtres, ſeront tenus de diriger le ſervice en ce qui les concerne, & d'y faire les Cours de Pharmacie, Chimie & Botanique dont ils ſont particulièrement chargés comme Démonſtrateurs.

5.

LES appointemens des Apothicaires-majors demeureront fixés à dix-huit cents livres par année, & leur ſeront payés au compte du Roi, comme ceux des Médecins & Chirurgiens-majors.

6.

DANS tous les autres Hôpitaux il ne ſera employé

que des Apothicaires - aides - majors, Sous - aides - majors ou Élèves, & ces grades ne leur seront accordés qu'ainsi & de la même manière qu'il a été réglé pour les Élèves-chirurgiens.

7.

LES places d'Apothicaires-majors dans les Hôpitaux militaires du premier ordre, étant les seules auxquelles les Élèves - apothicaires puissent prétendre; Sa Majesté a bien voulu en faveur de cette profession, qu'Elle desire encourager, régler à cinquante livres par mois en sus de la nourriture, les appointemens de vingt Aides-majors qui seront employés dans les Hôpitaux militaires, des premier, second & troisième ordres, lesquels appointemens seront payés tous les deux mois au compte du Roi, par les Administrateurs ou Entrepreneurs des Hôpitaux militaires.

8.

À l'égard de tous autres Apothicaires - aides - majors, Sous - aides - majors & Élèves, leur traitement sera & demeurera fixé comme celui des Chirurgiens des mêmes grades, & leur sera de même payé tous les deux mois, au compte du Roi, par lesdits Administrateurs ou Entrepreneurs.

9.

LE nombre des Apothicaires dans chaque Hôpital, y compris les Aides-majors & Sous-aides-majors, sera réglé à raison d'un pour cinquante malades indistinctement.

10.

ENJOINT au surplus Sa Majesté à tous Apothicaires, de quelque grade qu'ils puissent être, de se conformer aux articles de la présente Ordonnance, en ce qui les concerne, sous les peines y portées.

TITRE XXXII.

TITRE XXXII.

Des Portiers.

ARTICLE PREMIER.

LE Portier établi dans chaque Hôpital militaire, empêchera que personne n'y entre & n'en sorte, excepté ceux désignés dans la consigne que lui remettront le Commissaire des guerres, ou le Contrôleur, ou le Commis aux salles à défaut du Contrôleur.

2.

IL ne pourra refuser de se conformer à tout ce qui lui sera prescrit provisoirement par le Directeur, pour le service de l'Hôpital.

3.

IL ne permettra l'entrée d'aucunes denrées, boissons, fruits ou autres alimens que de ceux qui seront introduits par le Directeur, pour le service ou par les Officiers de l'Hôpital, pour leur consommation particulière.

4.

IL aura le droit de fouiller à l'entrée, non-seulement tous les Infirmiers & Servans, mais encore les bas Officiers & Soldats, à qui l'entrée de l'Hôpital seroit permise, & tout ce qu'il saisira en contravention de l'article précédent, sera confisqué à son profit.

5.

IL pourra fouiller de même à la sortie, tous ceux qui lui seront suspects, saisira les choses qui pourroient appartenir au Roi & à l'Hôpital, consignera le coupable à la garde, & en fera rendre compte par les Commis aux salles, au Commissaire des guerres qui ordonnera ce qu'au cas appartiendra.

6.

LA sentinelle & la garde de l'Hôpital, prêteront main-forte au Portier quand il le requerra.

7.

TOUTES les places de Portiers, des Hôpitaux militaires,

seront à l'avenir données à des Vétérans, par qui elles doivent être occupées.

8.

LEURS gages demeureront fixés à douze livres par mois, en sus de la nourriture, au prix du marché pour la journée du Soldat, & leur seront payés, au compte du Roi, tous les deux mois, sans aucune déduction, par les Administrateurs ou Entrepreneurs, qui passeront cet objet de dépense dans leurs états.

9.

DANS le cas où les Directeurs auroient à se plaindre de la négligence ou de l'inconduite du Portier, ils en instruiront le Commissaire des guerres, qui après avoir vérifié les sujets de plaintes, en informera l'Intendant de la Province, ou, en son absence, le Commissaire-ordonnateur, pour que ce Portier soit renvoyé, sur les ordres du Secrétaire d'État de la Guerre, auquel il en sera rendu compte; & si le cas est grave, le Commissaire des guerres pourra même interdire sur le champ le Portier de ses fonctions, & le faire suppléer jusqu'à son remplacement.

TITRE XXXIII.

Des Infirmiers.

ARTICLE PREMIER.

LES Infirmiers employés dans chaque Hôpital pour le service des malades, obéiront aux ordres qui leur seront donnés par les Commissaires des guerres, Contrôleurs, Commis aux salles, Aumôniers, Officiers de santé & les Directeurs, chacun en ce qui les concerne.

2.

ILS seront immédiatement subordonnés aux Commis aux salles.

3.

ILS rendront compte de tout ce qui se passera dans l'Hôpital, tant de jour que de nuit, aux Commis aux salles, qui en instruiront le Commissaire des guerres.

4.

Il sera commandé, pour être de garde & pour veiller pendant la nuit, dans chaque salle, un nombre suffisant d'Infirmiers, dans la proportion de celui des malades. L'ordre à cet égard sera donné par le Commissaire des guerres, ou, en son absence, par le Contrôleur, de concert avec le Médecin & le Chirurgien-major, ou par les Commis aux salles, sur l'avis desdits Officiers de santé.

5.

Tout Infirmier de garde pendant la nuit, qui sera surpris endormi, sera condamné en vingt sous d'amende, & celui qui aura abandonné la salle sera chassé.

6.

Tout Infirmier qui sera convaincu d'avoir traité les malades ou blessés avec négligence, dureté ou mépris, sera puni ou chassé, suivant l'exigence du cas.

7.

Les Infirmiers qui auront vendu des alimens aux malades ou blessés, seront mis sur le champ en prison & condamnés en six livres d'amende pour la première fois; & en cas de récidive, seront chassés de l'Hôpital, sans expérance d'y pouvoir rentrer, ni dans aucun autre.

8.

Tout Infirmier qui sera convaincu d'avoir retranché ou fait retrancher quelque chose de la portion d'un malade ou blessé pour en augmenter la sienne, ou pour quelqu'autre motif, sera condamné en six livres d'amende pour la première fois, & sera chassé de l'Hôpital en cas de récidive.

9.

Tout Infirmier qui sera sorti de l'Hôpital sans permission, ou qui étant sorti avec permission y rentrera ivre, sera mis en prison & condamné en trois livres d'amende pour la première fois; & en cas de récidive, sera chassé de l'Hôpital.

TIT. XXXIII.

10.

TOUT Infirmier convaincu de vol, friponnerie ou malverſation, ſera puni ſévèrement, & même livré à la Juſtice ſi le cas le requiert.

11.

LES Infirmiers ſeront nourris dans l'Hôpital, à la portion du Soldat, & les journées de leur nourriture ſeront payées & employées dans les états de dépenſe ſur le même pied ; leur fait Sa Majeſté défenſe d'emporter leurs portions hors de l'Hôpital pour les aller conſommer dans les cabarets ou ailleurs, à peine de trois livres d'amende, & de plus grande en cas de récidive.

12.

LES gages des Infirmiers ſeront de dix livres par mois; ils en ſeront payés, au compte de Sa Majeſté & ſans aucune retenue, par l'Adminiſtrateur ou Entrepreneur, qui emploîra cet objet de dépenſe dans les états de deux mois.

13.

LES Infirmiers ſeront vêtus d'une ſoubreveſte de toile brune, qui ſera fournie par les Adminiſtrateurs ou Entrepreneurs.

14.

ORDONNE Sa Majeſté aux Commiſſaires des guerres, de n'allouer les gages & nourritures que des Infirmiers qui auront été réellement employés.

15.

À la fin de chaque année, dans le procès-verbal d'Aſſemblée, il ſera fait mention de ceux des Infirmiers qui auront bien mérité dans le cours de l'année, & en même temps le Commiſſaire des guerres propoſera les gratifications extraordinaires dont ils paroîtront ſuſceptibles.

16.

LORSQUE de longs ſervices ou des infirmités qui en ſeroient les ſuites, mettront les Infirmiers hors d'état de continuer leurs fonctions, veut bien Sa Majeſté, leur accorder une retraite de cent vingt livres par année après vingt-cinq ans de ſervice dans le même Hôpital, ou trente

ans

ans dans plusieurs Hôpitaux, ce qui sera constaté par des certificats authentiques.

17.

LES Infirmiers seront proposés par l'Administrateur ou Entrepreneur, & ne pourront être reçus, ni congédiés que de l'agrément du Commissaire des guerres.

18.

LE nombre des Infirmiers sera réglé sur le pied de

Un Infirmier pour deux Officiers:

Un pour quinze malades, blessés ou vénériens.

19.

UN seul infirmier ne pouvant faire continuellement le service de jour & de nuit dans les Hôpitaux, il y en aura toujours deux attachés au service de chaque Hôpital pour quinze malades & au-dessous, & il ne pourra en être passé trois que lorsque le nombre des malades excédera celui de trente.

20.

LES Infirmiers qui tomberont malades, dans l'exercice de leurs fonctions, seront traités, au compte du Roi, dans l'Hôpital, sur le même pied que les Soldats; mais audit cas, leurs gages cesseront de courir, du jour de leur maladie, pour ne recommencer que de celui où lesdits Infirmiers rentreront en activité de service.

21.

LES Infirmiers des Hôpitaux se conformeront exactement à tout ce qui leur est enjoint par les articles de la présente Ordonnance.

TITRE XXXIV.

De l'Assemblée des Officiers.

ARTICLE PREMIER.

TOUS les deux mois, le premier jour du mois suivant, il se fera une Assemblée, où se trouveront le Commis-

TIT. XXXIV. ſaire des guerres, ou en ſon abſence le Major de la Place, l'Aumônier, le Contrôleur, le Médecin, le Chirurgien-major & l'Apothicaire-major, dans laquelle Aſſemblée tous les Officiers propoſeront ce qu'ils croiront convenable au bien du ſervice.

2.

Le Médecin fera part à ladite Aſſemblée de ſes obſervations ſur les différens genres de maladies qu'il aura traitées, & le Chirurgien-major communiquera les ſiennes ſur les plaies qu'il aura panſées, les opérations & ouvertures de cadavres qu'il aura faites; l'un & l'autre feront le détail le plus exact des maladies épidémiques, contagieuſes & extraordinaires, s'il en règne, & des remèdes qu'ils auront reconnus les plus efficaces pour parvenir à leur guériſon.

3.

Indépendamment des obſervations que doivent faire, dans cette Aſſemblée, les Officiers de ſanté ſur les différens genres de maladies qu'ils ont traitées, ils feront tenus d'y rendre compte des hommes envoyés à l'Hôpital pour des indiſpoſitions & bleſſures légères, & dont ils auront ſur le champ, preſcrit la ſortie; de l'état des malades ſortis ſans être guéris, durant les deux mois qui viendront de s'écouler; de l'état de ceux dont le ſéjour dans l'Hôpital auroit été prolongé au-delà de ce terme, & du nombre des hommes morts, en rapportant en marge les motifs auxquels ils attribuent ces différens effets.

4.

Ce relevé, qui doit être extrait du regiſtre qu'il leur eſt preſcrit de tenir par le Titre qui les concerne, ſera fait en forme d'état, diviſé en autant d'articles qu'il contiendra d'obſervations.

5.

Il ſera de plus rendu compte, dans cette Aſſemblée, des petites réparations reconnues néceſſaires dans les Bâtimens; à l'égard deſquelles les Commiſſaires des guerres procéderont comme il ſuit:

6.

LORSQUE les Bâtimens des Hôpitaux militaires, appartiendront au Roi, les Commiſſaires des guerres ſont autoriſés à ordonner l'exécution des réparations reconnues néceſſaires dans ladite Aſſemblée juſqu'à la concurrence de la ſomme de trois cents livres par année & par Hôpital; & dans ce cas, lorſqu'elles auront été exécutées, il ordonnera au Directeur d'en faire le payement aux Ouvriers, & d'en employer le montant dans les états de dépenſe de chaque deux mois.

7.

POURRONT néanmoins les Commiſſaires des guerres faire exécuter leſdites réparations qui deviendroient urgentes, dans l'intervalle d'une Aſſemblée à l'autre.

8.

SI la dépenſe des réparations à faire ſe portoit au-delà de la ſomme de trois cents livres, les Commiſſaires des guerres en informeront les Intendans des Provinces, qui, dans le cas où leſdites réparations ſeroient urgentes, & néanmoins bornées, ſont autoriſés à en ordonner l'exécution, en même temps qu'ils en rendront compte au Secrétaire d'État ayant le département de la Guerre.

9.

LORSQUE leſdites réparations exigeront une dépenſe plus conſidérable, le Commandant de la Place en ſera prévenu par le Commiſſaire des guerres, & il donnera ſon avis ſur la néceſſité deſdites réparations, dont le devis ſera adreſſé à l'Intendant de la Province.

10.

LES adjudications ſeront faites, en préſence du Commandant de la Place, par le Commiſſaire des guerres, ſous l'autoriſation de l'Intendant de la Province, qui ne les ordonnera qu'après avoir reçu celle du Secrétaire d'État ayant le département de la Guerre, auquel il en rendra compte; & il ne ſera procédé à l'exécution des ouvrages, qu'après que le marché en aura été approuvé.

11.

LORSQUE les bâtimens des Hôpitaux militaires, appartiendront à des particuliers qui les donnent à loyer, les Commiſſaires des guerres, qui doivent avoir pardevers eux l'ampliation des baux, pour en ſurveiller l'exécution, auront ſoin de charger les propriétaires deſdits bâtimens, d'y faire les réparations reconnues indiſpenſablement néceſſaires, dans ladite Aſſemblée, conformément aux clauſes de leurs baux.

12.

DANS le cas où leſdits propriétaires refuſeroient ou différeroient trop long-temps de les exécuter, les Commiſſaires des guerres devront y faire procéder aux frais deſdits propriétaires; & d'après l'arrêté des dépenſes, viſé du Commiſſaire-ordonnateur, & ordonnancé par l'Intendant de la Province, le montant en ſera payé par le Tréſorier, à charge de la retenue ſur les loyers échus ou à échoir.

13.

IL ſera enſuite dreſſé procès-verbal de tout ce qui aura été propoſé & obſervé dans ladite aſſemblée, auquel procès-verbal ſigneront le Commiſſaire des guerres ou Major de la Place, l'Aumônier, le Contrôleur, le Médecin, le Chirurgien-major & l'Apothicaire-major; & il en ſera envoyé une expédition au Secrétaire d'État ayant le département de la Guerre, & une pareille à l'Intendant de la province.

14.

DANS la dernière aſſemblée de chaque année, il ſera rendu compte des Infirmiers qui auront bien ſervi dans le cours de l'année, & ſtatué à cet égard ainſi qu'il eſt dit à l'article 15 du Titre XXXIII.

TITRE XXXV.

TITRE XXXV.

Des Inspecteurs des Hôpitaux.

ARTICLE PREMIER.

LES Inspecteurs des Hôpitaux, Intendans d'Armées, Commissaires-ordonnateurs & ordinaires, Médecins, Chirurgiens ou autres qui seront nommés par Sa Majesté, veilleront, lors de leur inspection, chacun en ce qui les concerne, à l'exécution de la présente Ordonnance; dresseront des procès-verbaux de l'état dans lequel ils auront trouvé lesdits Hôpitaux, y feront mention des abus & contraventions qu'ils auront découverts, ainsi que des ordres qu'ils auront donnés pour y remédier, & enverront deux expéditions de chaque procès-verbal, une au Secrétaire d'État ayant le département de la Guerre, & l'autre à l'Intendant de la Province.

2.

L'INSPECTEUR, avant de sortir de l'Hôpital pour passer dans un autre, laissera au Commissaire des guerres chargé de la police dudit Hôpital, une note des ordres qu'il aura donnés, de laquelle le Commissaire lui donnera son reçu sur le double qui en sera fait.

3.

LES Directeurs, Contrôleurs, Commis aux salles, Aumôniers, Médecins, Chirurgiens, Apothicaires, & généralement tous les Employés des Hôpitaux, seront soumis aux ordres & à la juridiction des Inspecteurs : ces ordres seront exécutés par provision & nonobstant tous autres, pourvu néanmoins qu'ils ne soient pas contraires à la présente Ordonnance.

4.

SI l'Inspecteur, en faisant sa visite, trouve des délits graves & des contraventions qui méritent châtiment, il pourra interdire & même faire arrêter les coupables, prendre les informations nécessaires, constater les faits par un procès-verbal séparé, pour remettre & envoyer ensuite le tout à l'Intendant de la Province, qui ordonnera ce qu'il jugera convenable, selon les circonstances & la qualité du délit : il adressera en même temps copie du tout au Secrétaire d'État ayant le département de la Guerre.

5.

Si l'Inspecteur est Intendant d'armée ou Commissaire des guerres, il entrera dans tous les détails concernant la police & la dépense des Hôpitaux, & se fera représenter les registres, tant du Directeur que des autres Officiers qui en doivent tenir, suivant la présente Ordonnance; comme aussi les états des mois précédens, fera dresser lesdits états, s'ils ne l'ont pas été, & les arrêtera.

6.

S'il arrive que les Inspecteurs se trouvent dans un Hôpital au jour indiqué pour l'assemblée des Officiers, ils y assisteront : ils pourront même en convoquer une extraordinaire, s'ils le jugent à propos, pour instruire les Officiers des abus qu'ils auront observés & les rappeler à leur devoir.

7.

Enjoint au surplus Sa Majesté à ceux de ces Officiers qu'Elle chargera de l'inspection des Hôpitaux, de se conformer aux articles de la présente Ordonnance, chacun en ce qui les concerne, de les faire exécuter dans le cours de leurs visites & de remplir exactement tout ce qui leur sera prescrit par les instructions particulières qui leur seront adressées par les ordres de Sa Majesté.

8.

Sa Majesté supprime les places de Médecins-inspecteurs provinciaux, & se réserve de charger extraordinairement des inspections de Médecine & de Chirurgie qui pourroient devenir nécessaires, soit les Médecins & Chirurgiens-majors des Hôpitaux militaires qui paroîtroient dignes de cette confiance, soit les Médecins de la Capitale & de la Cour que leur réputation y appelleroit.

9.

ENTEND néanmoins Sa Majeſté conſerver un Médecin-inſpecteur titulaire, pour correſpondre avec tous les Officiers de ſanté des Hôpitaux militaires & pour diriger les Amphithéâtres :

Un Chirurgien-inſpecteur titulaire, pour ſe concerter avec le Médecin-inſpecteur ſur toutes les parties qui le requerront :

Et un Apothicaire-major, ſubordonné au Médecin, pour veiller ſur les Pharmacies.

10.

LEURS traitemens ſeront & demeureront fixés comme il ſuit :

Au Médecin-inſpecteur, y compris les frais dont il eſt chargé	10000 ₶
Au Chirurgien-inſpecteur	6000.
A l'Apothicaire-major	3600.

11.

LES obſervations que doivent adreſſer tous les trois mois au Secrétaire d'État ayant le département de la Guerre, les Officiers de ſanté des Hôpitaux militaires, ſeront renvoyées au Médecin-inſpecteur, qui ſera tenu de les examiner, de communiquer au Chirurgien-inſpecteur toutes celles qui le concernent, pour avoir ſon avis par écrit, & d'entretenir avec tous les Officiers de ſanté une correſpondance exacte qui ſerve à multiplier les lumières que fait naître l'obſervation.

12.

INDÉPENDAMMENT de la correſpondance du Médecin-inſpecteur avec les Officiers de ſanté des Hôpitaux militaires, il ſera encore tenu de diriger les Cours des Amphithéâtres par ſes inſtructions, auxquelles il joindra celles du Chirurgien-inſpecteur & de l'Apothicaire-major, pour les parties qui le requerront.

13.

Il tiendra un regiſtre exact de tous les Élèves ſurnuméraires qui y ſeront admis, à la ſuite duquel il inſcrira auſſi les Élèves appointés dans les Hôpitaux militaires, avec les notes qui ſeront fournies tous les ſix mois ſur chacun d'eux, par les Officiers de ſanté en chef; leſquelles notes ayant été adreſſées directement au Secrétaire d'État de la Guerre, ſeront renvoyées par ſes ordres au Médecin-inſpecteur, pour qu'après en avoir conféré avec le Chirurgien-inſpecteur & l'Apothicaire-major, relativement à leurs fonctions, il puiſſe propoſer l'avancement des Sujets qui en ſeront ſuſceptibles.

14.

Pour ſeconder le Médecin-inſpecteur dans tous les détails de cette correſpondance, il y ſera attaché un ancien Médecin des Hôpitaux militaires, ſous le titre de Premier Médecin-conſultant des Camps & Armées.

15.

Le traitement du premier Médecin-conſultant des Camps & Armées, attaché à la correſpondance, y compris ſes frais, ſera & demeurera fixé à cinq mille livres par an.

16.

A la ſuite de chaque Trimeſtre, lorſque les obſervations envoyées par les Officiers de ſanté des Hôpitaux militaires auront été examinées, le Médecin-inſpecteur devra les remettre au Secrétaire d'État de la Guerre, & lui rendre compte de ceux de ces Officiers de ſanté dont le zèle & les talens lui paroîtront remarquables, ainſi que de l'opinion du Chirurgien-inſpecteur ſur les Sujets qu'il peut juger.

17.

Les obſervations qui pourront devenir utiles, ſeront conſignées dans un Journal de Médecine, Chirurgie & Pharmacie militaire, imprimé aux frais du Roi, de la rédaction duquel ſera toujours chargé un ancien Médecin des

Hôpitaux militaires, avec Brevet de Médecin-consultant des Armées, & où seront nominativement désignés les Médecins & Chirurgiens-majors des Hôpitaux & des Régimens, qui les auront faites.

18.

Le traitement du Médecin-consultant, rédacteur de ce Journal, y compris ses frais, sera & demeurera fixé à quatre mille livres par an.

19.

Ce Journal, qui paroîtra tous les trois mois, ne sera imprimé que sur l'approbation de la Société royale de Médecine que Sa Majesté commet à cet effet.

TITRE XXXVI.

Des Hôpitaux de Charité.

ARTICLE PREMIER.

Les Hôpitaux de Charité, sur le pied militaire, se conformeront aux dispositions de la présente Ordonnance, en tout ce qui concerne le traitement des Soldats malades; voulant Sa Majesté que les mêmes formes de service & de comptabilité y soient observées, & que les Commissaires des guerres y exercent la même police que dans les Hôpitaux purement militaires.

2.

Les Administrateurs & Directeurs des Hôpitaux de charité, qui ne sont point sur le pied militaire, se conformeront aussi aux dispositions de la présente Ordonnance, notamment en ce qui concerne la réception à l'Hôpital, des Soldats, Cavaliers, Chevaux-légers, Hussards, Dragons ou Chasseurs à cheval, & les visites des Médecins & Chirurgiens.

3.

Ordonne Sa Majesté, qu'autant qu'il pourra se trouver d'emplacemens suffisans dans lesdits Hôpitaux de charité, les Soldats malades soient placés dans des salles différentes de celles où sont traités les habitans, & que si cette disposition étoit impossible, il leur soit du moins assigné un rang ou une partie de la salle pour y être traités séparément.

4.

DÉFEND Sa Majesté aux Administrateurs desdits Hôpitaux de charité, de recevoir des Soldats détournés de la route que prescrit leur destination, ni de conserver dans leurs établissemens des Soldats, qui seroient en état de rejoindre leur Corps; les Intendans des Provinces donneront les ordres les plus précis aux Commissaires des guerres, s'il y en a dans les Places, & à leur défaut, à leurs Subdélégués de tenir la main à l'exécution du présent article.

5.

DANS le cas cependant où un Soldat détourné de sa route, auroit absolument besoin d'être traité à l'Hôpital, Sa Majesté autorise les Commissaires des guerres & les Subdélégués, à lui expédier des billets d'entrée, mais Elle leur enjoint en même-temps de le faire consigner à l'Hôpital, & d'en prévenir le Commandant de la Maréchaussée du lieu.

6.

LES Intendans veilleront aussi à ce que les Administrateurs des Hôpitaux de charité, aient soin d'adresser exactement au Secrétaire d'État ayant le département de la Guerre, l'extrait mortuaire des Soldats qui seront décédés dans lesdits Hôpitaux, immédiatement après leur décès.

7.

LE prix des journées du traitement, sera payé suivant les conventions faites avec les Administrateurs desdits Hôpitaux, par les Intendans des Provinces, comme par le passé, & ce, sur des états & pièces justificatives dans la forme prescrite.

8.

DANS le nombre des Hôpitaux de charité du royaume où les Soldats continueront d'être reçus & traités comme par le passé, Sa Majesté a jugé à propos d'attacher plus particulièrement au service de ses Troupes, les Hôpitaux de charité désignés dans l'état nominatif, annexé à la présente Ordonnance, ainsi que les Officiers de santé qui y seront employés en chef.

9.

Le traitement desdits Officiers de santé sera & demeurera fixé à cent vingt livres par année pour le Médecin en chef, & à cent vingt livres pour le Chirurgien en chef, indépendamment des gratifications extraordinaires qu'ils pourront mériter par la nature & l'importance de leurs services, & qui leur seront accordées sur le rapport des Intendans.

10.

Ce traitement sera payé auxdits Officiers de santé, sur les ordres qui seront adressés pour cet effet aux Intendans.

11.

A l'égard des Officiers de santé attachés aux autres Hôpitaux de charité, situés dans les Villes dont il n'est point fait mention dans l'état nominatif des Hôpitaux, ci annexé, il leur sera accordé des gratifications extraordinaires, en raison du séjour accidentel des Troupes, sur le rapport des Intendans des Provinces.

12.

Se réserve Sa Majesté dans les cas extraordinaires qui exigeront un service plus étendu, d'y pourvoir, en envoyant alors, sur la demande des Intendans, des Officiers de santé entretenus à ses frais, pour aider le service des Hôpitaux de charité, & d'accorder aussi, dans ces cas extraordinaires, des distinctions & des gratifications aux Médecins & Chirurgiens desdits Hôpitaux qui auront donné des preuves plus particulières de zèle & d'assiduité à soigner les malades de ses Troupes.

13.

Les Officiers de santé des Hôpitaux de charité du Royaume, seront également tenus d'adresser tous les trois mois, au Secrétaire d'État ayant le département de la Guerre, leurs observations sur les maladies des Soldats qui y seront reçus; pour être, lesdites observations, renvoyées à l'Inspecteur général des Hôpitaux civils, qui en rendra compte directement audit Secrétaire d'État ayant le département de la Guerre.

TITRE XXXVII.

Des Chirurgiens-majors des Régimens.

ARTICLE PREMIER.

Les Chirurgiens-majors des Régimens ſont établis pour veiller ſur la ſanté des Soldats dont le ſoin leur eſt confié; pour empêcher qu'elle ne s'altère; pour traiter leurs indiſpoſitions ou bleſſures légères, & prévenir par-là les maladies qui pourroient s'aggraver; leurs fonctions ſe trouvent ainſi liées à celles des Officiers de ſanté des Hôpitaux militaires dont ils ſont partie.

2.

Ils ſeront tenus de viſiter les Soldats de recrue, lors de leur arrivée au régiment, & avant qu'ils ſoient préſentés au Commiſſaire des guerres pour être inſcrits ſur les contrôles, afin de juger s'ils n'ont aucune des infirmités telles que la pulmonie, les vices ſcrophuleux, les hernies ou autres défectuoſités qui doivent les faire exclure du ſervice, & d'en faire leur rapport par écrit au Commandant du régiment.

3.

Il ne ſera accordé à l'avenir aucun congé de ſemeſtre limité ou abſolu, aux Soldats, Cavaliers, Chevaux-légers, Huſſards, Dragons ou Chaſſeurs à cheval, qu'après que les Chirurgiens-majors auront reconnu & déclaré que leſdits Soldats ne ſont point attaqués de maladie vénérienne. Il ſera fait mention de cette atteſtation ſur les cartouches des congés.

4.

Il ſera fait, par le Chirurgien-major de chaque régiment, de fréquentes viſites dans les chambrées aux heures preſcrites par les Commandans des Corps, qui le feront accompagner par les bas Officiers chargés de tenir la main à l'exécution de tout ce qu'il jugera devoir preſcrire ſous l'autorité du Commandant du régiment.

5. Il

5.

IL portera ſon attention ſur la ſalubrité des caſernes, ſur le régime des Soldats, ſur les Eaux, & ſur tous les objets qui intéreſſent la ſanté des Troupes.

6.

IL aura ſoin, lors de ſes viſites du matin, dans les chambres, d'examiner auſſi très-ſcrupuleuſement tous les Soldats, pour remédier promptement aux indiſpoſitions qu'il leur découvriroit, ſoit en traitant lui-même à temps toutes celles qui par leur nature lui ſont réſervées, ſoit en envoyant tout de ſuite à l'Hôpital les Soldats attaqués de maladies qui pourroient s'aggraver.

7.

NE pourra ſe diſpenſer, le Chirurgien-major, de ſe tranſporter ſouvent à l'Hôpital du lieu; de ſuivre, ſous les yeux des Officiers de ſanté, le traitement des malades, & notamment de ceux du régiment auquel il eſt attaché, à l'égard deſquels il fera part auxdits Officiers de ſanté, des obſervations qu'il pourroit avoir faites ſur leur tempérament, leurs mœurs, leur caractère.

8.

IL vivra en bonne intelligence avec les Officiers de ſanté de l'Hôpital de la garniſon, dans lequel au ſurplus il ne pourra rien ordonner.

9.

LORS de la ſaiſon, où il eſt d'uſage d'envoyer aux Eaux minérales les Soldats qui peuvent en avoir beſoin, il s'aſſemblera avec les Officiers de ſanté des Hôpitaux, pour déterminer ceux des Soldats auxquels les Eaux deviendroient abſolument néceſſaires; & ſous aucun prétexte, il ne donnera de certificats à ce ſujet, qu'en pleine connoiſſance de cauſe : Sa Majeſté le rendant reſponſable de tous les abus auxquels il pourra donner lieu par la moindre complaiſance.

10.

LES Chirurgiens-majors ſeront choiſis conformément au Règlement de ce jour, concernant les Amphithéâtres.

TIT. XXXVII.

11.

Leurs traitemens seront & demeureront fixés tels qu'ils sont, ou seront réglés dans les Ordonnances relatives à la composition des Corps auxquels ils sont attachés.

12.

Il leur sera accordé une retraite de quatre cents livres, après vingt-cinq ans de service, & de six cents livres après trente années de service bien constatées, à moins que lesdits Chirurgiens-majors qui seroient encore en état de servir, ne préferassent d'occuper une place de Chirurgien-major dans les Hôpitaux militaires, laquelle audit cas, leur sera donnée de préférence à tous autres.

13.

Enjoint Sa Majesté à tous Soldats, Cavaliers, Chevaux-légers, Hussards, Dragons ou Chasseurs à cheval, de porter honneur & respect auxdits Chirurgiens-majors, à peine de punition exemplaire.

Mande & ordonne Sa Majesté aux Commandans & Intendans des Provinces, aux Intendans des Armées, aux Commandans des Places, aux Commissaires des guerres, aux Officiers de ses Troupes, & à tous autres qu'il appartiendra, de se conformer à la présente Ordonnance, & de tenir la main à son exécution qui aura lieu à commencer au 1.er Juillet prochain, annullant Sa Majesté à dater dudit jour 1.er Juillet, tous Règlemens & Ordonnances précédemment rendus sur le service des Hôpitaux militaires.

Fait à Marly le deux mai mil sept cent quatre-vingt-un. *Signé* LOUIS. *Et plus bas,* Segur.

TABLE ALPHABÉTIQUE
DES MATIÈRES.

A

B

C

D

E

F

G

H

I

L

M

ÉTAT

ÉTAT NOMINATIF des Hôpitaux militaires du Royaume, & de l'ordre dans lequel ils ont été claſſés en raiſon de la force des établiſſemens; à la ſuite duquel ſont dénommés les Hôpitaux de Charité attachés au ſervice militaire, & ceux des Eaux minérales.

SAVOIR:

NOMS DES GÉNÉRALITÉS.	NOMS DES HÔPITAUX MILITAIRES.	NOMS DES HÔPITAUX Sur le pied MILITAIRE.	OBSERVATIONS.
	PREMIER ORDRE.		
ALSACE	Straſbourg		
BRETAGNE	....	Breſt	
FLANDRE	Lille		
METZ	Metz		
PROVENCE	Toulon		
	SECOND ORDRE.		
ALSACE	Landau		
AMIENS	Calais		
CORSE	Baſtia		
FLANDRE	Douai		
	Dunkerque		
HAINAULT	....	Valenciennes	
LA ROCHELLE	S.t-Jean d'Angeli.		
LORRAINE	....	Nanci	
METZ	Thionville		
	Verdun		
ROUSSILLON	Perpignan		

NOMS DES			
GÉNÉRALITÉS.	HÔPITAUX MILITAIRES.	HÔPITAUX Sur le pied MILITAIRE.	OBSERVATIONS.
	TROISIÈME ORDRE.		
Alsace	Béfort........ Fort-Louis..... Huningue..... Neuf-Brisac.... Schelestat.....		
Auch & Bayonne...	....	Bayonne......	
Bretagne..........	Folgoet.......	Port-Louis....	
Champagne.........	Mézières......		
Corse.............	Ajaccio....... Calvi......... Corté........		
Flandre & Artois...	Bergues	Aire......... Arras........ Béthune...... Saint-Omer....	
Franche-Comté....	Besançon (vénér.)..	Besançon (fiévreux)	
Grenoble	Briançon......		
Hainault..........	Avesnes...... Condé....... Givet........ Maubeuge.....	Cambrai...... Le Quesnoi....	
Languedoc	Montpellier (vén.)		
La Rochelle.......	....	La Rochelle ...	
Metz..............	Longwi...... Phalsbourg.... Sarrelouis..... Toul	Sédan.........	
	QUATRIÈME ORDRE.		
Alsace............	Colmar....... Haguenau..... Weissembourg..		

NOMS DES			
GÉNÉRALITÉS.	HÔPITAUX		OBSERVATIONS.
	MILITAIRES.	Sur le pied MILITAIRE.	
BRETAGNE		Belle-Isle	
CHAMPAGNE	Rocroi		
FLANDRE & ARTOIS		Bapaume Gravelines Hesdin	
GRENOBLE	Montdauphin	Grenoble	
HAINAULT	Bouchain Landrecies Philippeville		
LANGUEDOC		Montpellier(fiévr.)	
LA ROCHELLE		Isle-de-Rhé Isle-d'Oléron	
LORRAINE	Bitche		
METZ	Montmédi		
POITIERS		Niort	
PROVENCE	Antibes Monaco		
ROUSSILLON	Collioure Montlouis		
	CINQUIÈME ORDRE.		
ALSACE	Lauterbourg La Petite-Pierre Lichtemberg Landskroon		
AUCH & BAYONNE	Navarreins St-Jean-Pied de-Port		
CORSE	Bonifacio Cervione Sartene St-Florent Vico		
FLANDRE & ARTOIS		Saint-Venant	

NOMS DES			OBSERVATIONS.
GÉNÉRALITÉS.	HÔPITAUX		
	MILITAIRES.	Sur le pied MILITAIRE.	
METZ	Château de Bouillon.		
	Marſal		
ROUSSILLON	Bains d'Arles		
	Bellegarde		
	Prats-de-Moullion		
	Ville-franche		
	SIXIÈME ORDRE.		
	HÔPITAUX DE CHARITÉ		
	Attachés au ſervice militaires.		
ALENÇON	Alençon		
AMIENS	Amiens		
	Ardres		
	Boulogne-ſur-mer		
AUCH	Auch		
BORDEAUX	Blaye		
	Bordeaux		
	Libourne		
BOURGES	Bourges		
BOURGOGNE	Auxonne		
	Dijon		
BRETAGNE	Dinan		
	Landernau		
	L'Orient		
	Morlaix		
	Nantes		
	Rennes		
	Saint-Malo		
CAEN	Caen		
	Cherbourg		
	Grandville		
	Valognes		

NOMS DES		
GÉNÉRALITÉS.	HÔPITAUX DE CHARITÉ *Attachés au ſervice militaire.*	OBSERVATIONS.
Champagne.........	Châlons..................	
	Joinville..................	
	Vaucouleurs..................	
	Vitri..................	
Clermont..........	Clermont..................	
Franche-Comté......	Dôle..................	
	Grai..................	
	Véſoul..................	
Grenoble...........	Embrun..................	
	Valence..................	
Languedoc..........	Béziers..................	
	Carcaſſonne..................	
	Nîmes..................	
	Saint-Eſprit..................	
	Toulouſe..................	
	Tournon..................	
La Rochelle........	Saintes..................	
Limoges............	Limoges..................	
Lorraine...........	Commerci..................	
	Épinal..................	
	Mirecourt..................	
	Pont-à-Mouſſon..................	
Lyon...............	Lyon..................	
Montauban.........	Montauban..................	
Moulins...........	Moulins..................	
	Nevers..................	
Orléans............	Orléans..................	
Paris..............	Joigni..................	
	Provins..................	
Poitiers...........	Poitiers..................	
Provence..........	Aix..................	
	Marſeille..................	

NOMS DES		OBSERVATIONS.
GÉNÉRALITÉS.	HÔPITAUX DE CHARITÉ *Attachés au service militaire.*	
ROUEN	Le Havre	
	Rouen	
SOISSONS	La Fère	
	Soiſſons	
TOURS	Angers	
	Saumur	
	Tours	
	HÔPITAUX *DES EAUX MINÉRALES.*	
AUCH & BAYONNE	Barrèges	
CHAMPAGNE	Bourbonne	
PROVENCE	Digne	
HAINAULT	Saint-Amand	

N.° 2.

Fiévreux, Bleſſés ou Vénériens.

BILLET D'ENTRÉE À L'HÔPITAL.

RÉGIMENT D........ { Cavalerie, Infanterie, Huſſards, ou Dragons. } *COMPAGNIE D*

LE Directeur de l'Hôpital militaire de *recevra le nommé* (nom de baptême & de famille) *dit* (nom de guerre) { Grade, & dans l'Artillerie, déſignation des différentes claſſes de Canonniers. } *au ſuſdit Régiment & Compagnie, natif de* *juridiction de* *en la province de* .

FAIT à *ce* (date en toutes lettres) *17*

Signature de l'Officier de la Compagnie.

DÉTAIL de l'habillement, équipement & armement du Malade.

VU par nous Officier, chargé du détail du Régiment.
À *ce* *17*

CONTRÔLÉ par nous Contrôleur dudit Hôpital.
À ce 17

N.° 3.

Fiévreux, Bleſſés ou Vénériens.

BILLET DE SORTIE DE L'HÔPITAL.

RÉGIMENT D { Cavalerie, Infanterie, Huſſards ou Dragons. } COMPAGNIE D

LE nommé *(nom de baptême & de famille)* dit *(nom de guerre)* { *Dénomination du grade, & dans l'Artillerie, la déſignation des différentes claſſes de Canonniers.* } au ſuſdit Régiment & Compagnie, natif de juridiction de province de entré le *(en toutes lettres)* du mois d 17 à l'Hôpital militaire de eſt ſorti cejourd'hui *(en toutes lettres)* du mois d 17

Signature des Médecin & Chirurgien-major.

Signature du Directeur.

VU par nous Commiſſaire des guerres.

CONTRÔLÉ par nous Contrôleur dudit Hôpital
À *ce* *17*

DÉTAIL de l'habillement, équipement & armement du Malade.

CONTRÔLÉ par nous Contrôleur dudit Hôpital.
À ce 17

DÉTAIL de la maladie & des premiers moyens curatifs employés à la chambre.

FAIT à ce 17

Signature du Chirurgien-major du Régiment.

VU bon par Nous (Médecin ou Chirurgien-major dudit Hôpital.)

À ce 17 Signature du Médecin ou du Chirurgien-major.

DÉTAIL des pièces dont lesdits Recrues & Externes sont porteurs, & le nom de l'Officier qui les a signées.

RECRUES ET EXTERNES.

RAPPORT des maladies ou infirmités qui ont nécessité la sortie de ce malade, sans être guéri.

FAIT à ce du mois d 17

TABLEAU DE VISITE. N.° 4.

Fiévreux ou Blessé ou Vénérien.	Salle	N.° du Lit	Le Nommé	Malade du Entré le

Dates des Visites.	Alimens du Matin.	Alimens du Soir.	Prescriptions & Médicamens.	Simptômes & Variations de la Maladie.

N.° 5.
Mois d

CAHIER DE VISITE
DES MÉDECINS ET CHIRURGIENS.

NOMS des SALLES.	N.os des LITS.	NOMS des MALADES.	ALIMENS DU MATIN.	ALIMENS DU SOIR.	PRESCRIPTIONS & MÉDICAMENS.
		De.............			
Saint-Louis...	1.er	*La Liberté*.......	p.	m.	
	2.	*La Franchise*.......	d.	d.	
	3.	*Saint-Hubert*.......	3. q.	p.	
	4.	*Va-de-bon-cœur*.....	q. v.	q.	
	5.	*La Ramée*.........	S. R.	pr. o.	

HÔPITAL D

RELEVÉ de la visite des Officiers de santé du 178

MALADES.		AU BOUILLON. GRAS.	MAIGRE.	TOTAL.	PORTIONS ORDONNÉES POUR LE MATIN.	LE SOIR.	TOTAL.	RÉDUCTIONS en POIDS & MESURES COMMUNES.	
MATIN.	Officiers, & traités comme tels.	.. // ..	.. // ..	.... //					
	Soldats, & traités comme tels.	.. // ..	.. // ..						
SOIR.	Officiers, & traités comme tels.	.. // ..	.. // ..	.... //					
	Soldats, & traités comme tels.	.. // ..	.. // ..						

			LE MATIN.	LE SOIR.	TOTAL.	RÉDUCTIONS	
							Livres.
PAIN.. Portions..	Entières, de...	12 onces...	... // ..	... // ..	... // ..	... // ..	
	Trois quarts, de	9........	... // ..	... // ..	... // ..	... // ..	
	Demi, de.....	6........	... // ..	... // ..	... // ..	... // ..	
	Un quart, de..	3........	... // ..	... // ..	... // ..	... // ..	... // ..
	Panades, de..........		... // ..	... // ..	... // ..	... // ..	
	Soupes, de..........		... // ..	... // ..	... // ..	... // ..	
	Diettes de pain..........		... // ..	... // ..	... // ..	... // ..	
VIN rouge. Portions.	Doubles, de chopines, pour Off.ers		... // ..	... // ..	... // ..	... // ..	Pintes.
	Entières, de demi-chopines....		... // ..	... // ..	... // ..	... // ..	... // ..
	Trois quarts, de ¼ de chopines...		... // ..	... // ..	... // ..	... // ..	
	Demi, de roquilles..........		... // ..	... // ..	... // ..	... // ..	
	Quarts, de demi-roquilles.....		... // ..	... // ..	... // ..	... // ..	
VIN blanc.. Portions.	Doubles, de chopines, pour Off.ers		... // ..	... // ..	... // ..	... // ..	
	Entières, de demi-chopines.....		... // ..	... // ..	... // ..	... // ..	... // ..
	Trois quarts, de ¼ de chopines..		... // ..	... // ..	... // ..	... // ..	
	Demi, de roquilles..........		... // ..	... // ..	... // ..	... // ..	
	Quarts, de demi-roquilles.....		... // ..	... // ..	... // ..	... // ..	
BIÈRE.. Portions..	Entières, de chopines.......		... // ..	... // ..	... // ..	... // ..	... // ..
	Trois quarts, de ¼ de chopines...		... // ..	... // ..	... // ..	... // ..	
	Demi, de demi-chopines......		... // ..	... // ..	... // ..	... // ..	... // .
	Quarts, de roquille.........		... // ..	... // ..	... // ..	... // ..	
VIN & BIÈRE...	Diettes..........		... // ..	... // ..	... // ..	... // ..	... // ..
RIZ.. Au bouillon...	Entières, de 2 onces......		... // ..	... // ..	... // ..	... // ..	... // ..
	Demi, de... 1........		... // ..	... // ..	... // ..	... // ..	
RIZ.. Au lait......	Entières, de 2........		... // ..	... // ..	... // ..	... // ..	... // ..
	Demi, de... 1........		... // ..	... // ..	... // ..	... // ..	
BOULLIES.......	de... 2 onces de farine...		... // ..	... // ..	... // ..	... // ..	... // ..
LAIT simple......	Chopines..........		... // ..	... // ..	... // ..	... // ..	
PRUNEAUX......	Entières, de 3 onces.......		... // ..	... // ..	... // ..	... // ..	... // ..
ŒUFS pièces...	Dans les bouillons.........		... // ..	... // ..	... // ..	... // ..	... // ..
	À la coque.........		... // ..	... // ..	... // ..	... // ..	

CERTIFIÉ ledit jour par le soussigné

N.° 7.

ÉTAT DE MOUVEMENT de l'Hôpital de
du de 178

OFFICIERS, ou traités comme tels. // } ... //	PESÉES DE LA VIANDE. { du matin.... //
SOLDATS & autres......... // }	{ du soir..... //
SERVANS, nourris en nature......... //	.... //
... //	Bouillons maigres........ //

NOMS des RÉGIMENS.	RESTANS le MATIN.	ENTRÉS pendant le JOUR.	SORTIS pendant le JOUR.	MORTS pendant le JOUR.	RESTANS le SOIR.	FIÉVREUX.	BLESSÉS.	VÉNÉRIENS.
	... // ..	... // ..	... // ..	... // ..	... // ..	.. // ..	.. // ..	.. // ..
	...... //		.... //			...... //		

CERTIFIÉ par nous, Directeur dudit Hôpital.

VU par nous, Contrôleur dudit Hôpital.

N.° 8.

MOIS
de JUILLET & AOÛT
178

HÔPITA

ÉTAT DES JOURNEÉS des Solda
restoient le dernier du mois de Juin à l'Hôpi
ou qui y sont morts pendant les mois de Jui

S

NOMS des COMPAGNIES.	NOMS de BAPTÊME, FAMILLE & GUERRE.	LIEUX de naissance, & JURIDICTION.	GRADES des MALADES.	NATU des MALAD
	RÉGIMENT DE PICARDIE.			
GRENADIERS....	....	....	Fourrier....	Blessé...
	....	....	Grenadier..	Fiévreux.
	....	....	Tambour...	Vénérien
*** FUSILIERS...	....	....	Fusilier.....	Fiévreux.
	Journées du 31, des sortis, évacués & morts....		....	....
	RÉCAPITULATION par Grades.			
	CORPS-ROYAL DE L'ARTILLERIE.			
*** CANONNIERS.	....	....	Sergent ord.[re]	Blessé...
	....	....	Appointé...	Fiévreux.
	....	....	Canonnier....	Vénérien.

D

Cavaliers, Dragons & autres, Malades, Fiévreux, Bleſſés & Vénériens, qui
Militaire d   de ceux qui y ſont entrés, qui en ſont ſortis
Août, & de ceux qui y reſtent le 1.er du préſent mois de Septembre.

OIR :

JOURS DES				JOURNÉES des RESTANS pour *Mémoire.*	JOURNÉES des SORTIS ET MORTS.			PRIX de la RETENUE.	MONTANT de la RETENUE.
	SORTIE								
TRÉE.	Par BILLET.	Par Évacuation.	MORT.		FIÉVREUX.	BLESSÉS.	VÉNÉRIENS.		
6 Juin.	1.er Août	//	//	//	//	45	//	// ₶ 8s 6d	19₶ 2s 6d
6 Août	R.	//	//	16	//	//	//	// // //	// // //
6 Juill.	//	16 Août	//	//	//	//	30	// 5. 6.	8. 15. //
6 Juill.	//	//	16 Août	//	30	//	//	// 5. //	7. 10. //
.....	......	......	......	....	1	1	1	// // //	// // //
	1.	1.	1.	16	31	46	31		35. 7. 6.
						108.			
6 Juin.	......	16 Juill.	......	....	....	30	....	// 19. 2.	28. 10. .
6 Juin.	16 Juill.	......		....	30	....	....	// 10. 8.	16. // //
6 Juin.	......	......	16 Juill.	....	....	....	30	// 5. 10.	8. 15. //
	1.	1.	1.	//	30	30	30		53. 5. //

NOMS des COMPAGNIES.	NOMS de BAPTÊME, FAMILLE & GUERRE.	LIEUX de leur naiſſance, & JURIDICTION.	GRADES des MALADES.	NATU[RE] des MALAD[IES]
		De l'autre part.	. . . .	. . . .
	Suite du *CORPS-ROYAL DE L'ARTILLERIE.*			
*** BOMBARDIERS..	M.***	. . . .	Capit. en ſec.^d	Bleſſé. . .
*** SAPEURS. . . .	M.***	. . . .	Cadet-gentilh.^me	Bleſſé. . .
*** RECRUES . . .	. . . .	. . . .	Recrue.	Vénérien.
	Sortie, au compte du Régiment 1		. . . .	. . . .
	Sépulture, au compte du Régiment 1		. . . .	. . . .
	Journées du 31, au compte du Roi, dont 2 d'Off.^ers		. . . .	. . . .
	RÉCAPITULATION par Grades.			
	DIFFÉRENS SERVICES DE L'ARMÉE.			
FOURRAGES	. . . .	. . . .	Journalier. . .	Fiévreux.
	1 Sortie.		. . . .	. . . .
	1 Journée du 31		. . . .	. . . .
VIVRES.	. . . .	. . . .	. . . .	Fiévreux.
	1 Sépulture		. . . .	. . . .
	1 Journée du 31		Garde-magaſin . .	. . . .

JOURS DES				JOURNÉES des RESTANS pour *Mémoire.*	JOURNÉES des SORTIS ET MORTS.			PRIX de la RETENUE.	MONTANT de la RETENUE.
	SORTIE								
NTRÉE.	Par BILLET.	Par Évacuation.	MORT.		FIÉVREUX.	BLESSÉS.	VENÉRIENS.		
	1	1	1		30	30	30	″# ″s ″d	53# 5s ″d
6 Juin.			16 Juill.		″	30	″	2. 14. 6	81. 15. ″
6 Juin.	16 Juill.				″	30	″	″ 12. ″	18. ″ ″
6 Juin.	16 Juill.				″	″	30	1. 3. 3	34. 17. 6.
									″ 6. ″
									2. ″ ″
					1	3	2		″ ″ ″
	3	1	2		31	93	62		190. 3. 6.
						186.			
6 Juin.	16 Juill.	″	″		30	″	″	1. 3. 3	34. 17. 6.
						″	″	″ 6. ″	″ 6. ″
					1	″		″ ″ ″	1. 3. 3.
	1	″	″		31	″	″		36. 6. 9.
6 Juin.			16 Juill.		30	″	″	2. 14. 6	81. 15. ″
					″	″	″	2. ″ ″	2. ″ ″
					1				2. 14. 6.
	″	″	1	″	31	″	″		86. 9. 6.

RÉCAPITULATION par genre de maladies des Journées, S

RÉGIMENS.	JOURNÉES des RESTANS pour *Mémoire.*	NOMBRE DE							
		FIÉVREUX.				BLESSÉS.			
		SORTIS.	ÉVACUÉS	MORTS.	JOURNÉES.	SORTIS.	ÉVACUÉS	MORTS.	JOUR
Picardie	16.			1.	31.	1.			46
Royal Artillerie		1.			31.	1.	1.	1.	93
Fourrages		1.			31.				
Vivres				1.	31.				
	16.	2.		2.	124.	2.	1.	1.	139

4. .... 4. ....

11.

& Morts, & du montant des retenues sur les Troupes.

	Vénériens.			Total des			Journées		Montant des Retenues.
…rtis.	Évacués.	Morts.	Journées.	Sortis.	Évacués.	Morts.	d'Officiers, ou traités comme tels.	Soldats, ou, &c.	
......	1.	......	31.	1.	1.	1.	......	108.	35# 7s 6d
1.	......	1.	62.	3.	1.	2.	62.	124.	190. 3. 6.
......	......	......	......	1.	......	......	......	31.	36. 6. 9.
......	......	......	......	......	......	1.	31.	......	86. 9. 6.
1.	1.	1.	93.	5.	2.	4.	93.	263.	348. 7. 3.
...... 3.					11.		356.		

MONTANT DE LA DÉPENSE.

Les 93 journées d'Officiers, à raison de prix réglé	....	186# "s "d
Les 263 journées de Soldats, à raison de *idem*	....	210. 8. "
356.		
Les 5 sorties à 6s	....	1. 10. "
Les 4 sépultures à 2#	....	8. " "
Produit des journées, sorties & morts	....	405. 18. "
A retenir aux Troupes	....	348. 7. 3.
Reste au compte du Roi	....	57. 10. 9.

MOIS D

APPOINTEMENS

ÉMARGEMENS.	GRADES.	NOMS.
	Commis aux Salles......	***.............
	Chirurgien-aide-major.....	***.............
	Idem. Sous-aide.........	***.............
	Idem. Élève...........	***.............
	Idem, idem............	***.............
	Apothicaire-Sous-aide-major.	***.............
	Idem. Élève...........	***.............
	Portier...............	***.............
	Infirmiers.............	***.............
		***.............
		***.............
		***.............
		***.............

NOURRITURE DE

LES 806 journées de nourriture des Servans, à 16 sou

RAPPORT de la Dépenſe reſtante au compte du Roi, c

TOTAL DE LA DÉPENSE relative au traitem

'AGES DES SERVANS.

OURS DES Entrée.	Sortie.	JOURNÉES Sans Nourriture.	Avec Nourriture.		TRAITEMENT par MOIS.	SOMMES PAYÉES.		OBSERVATIONS.
.er Juill.	R. 1.er Sept.	....	....	62.	18# // //	...	36# // //	
Idem.	.. R. ...	....	62.	248.	24. // //	48#	162. // //	
R. ...	.. R. ...	....	62.		21. // //	42.		
R. ...	.. R. ...	....	62.		18. // //	36.		
R. ...	.. R. ...	....	62.		18. // //	36.		
R. ...	.. R. ...	....	62.	124.	21. // //	42.	78. // //	
R. ...	.. R. ...	....	62.		18. // //	36.		
R. ...	.. R. ...	....	62.	372.	12. // //	24.	124. // //	
R. ...	.. R. ...	....	62.		10. // //	20.		
R. ...	.. R. ...	....	62.		10. // //	20.		
R. ...	.. R. ...	....	62.		10. // //	20.		
R. ...	.. R. ...	....	62.		10. // //	20.		
R. ...	.. R. ...	....	62.		10. // //	20.		
				806.				

400. // //

ERVANS.

.... 644.16. //

1044.16. //

urnées de Malades 57.10. 9

s Malades au compte du Roi 1102. 6. 9

RESTANS AU DERNIER				ENTRÉS PENDANT LES MOIS D				SO PENDANT L D	
FIÉVREUX.	BLESSÉS.	VÉNÉRIENS.	TOTAL.	FIÉVREUX.	BLESSÉS.	VÉNÉRIENS.	TOTAL.	FIÉVREUX.	BLES
.. // ..	.. //...	.. //...	.. //...	.. 5...	.. 4...	.. 3...	.. 12..	.. 2...	.. 3

JE soussigné Directeur de l'Hôpital militaire d
tenu par ledit Hôpital. FAIT à

JE soussigné Contrôleur de l'Hôpital militaire d
que je tiens des Entrans, Sortans & Morts. FAIT à

VU, vérifié & arrêté par nous Commissaire des guerres, le présent État, à la
sortis & *morts, & à la quantité de*
& Infirmiers, à la somme de *à retenir aux Troupes*
le *jour du mois d*

VU & vérifié par nous Commissaire *a*
mil sept cent quatre-vingt-

IS [..]TS MOIS		MORTS PENDANT LESDITS MOIS D				RESTANS AU PREMIER DU MOIS D			
[..]RIENS.	TOTAL.	FIÉVREUX.	BLESSÉS.	VÉNÉRIENS.	TOTAL	FIÉVREUX.	BLESSÉS.	VÉNÉRIENS.	TOTAL.
2...	.. 7..	.. 2...	.. 1...	.. 1...	.. 4...	.. 1...	.. //...	.. //...	.. 1...

certifie le préſent État véritable , & conforme au Regiſtre

certifie le préſent État véritable, & conforme aux Regiſtres

quantité de journées de Malades
[j]ournées de Servans nourris, montant avec les appointemens & gages deſdits Servans
& à celle de à payer par le Roi. FAIT à
mil ſept cent quatre-vingt-

département d le jour du mois d

N.° 9.

MOIS

D

178

HÔPITAL MILITAIRE
D

ÉTAT des Sommes payées pour Appointemens & Gratifications aux principaux Officiers de santé, & Employés, frais extraordinaires pour l'entretien des bâtimens, & autres dépenses ordonnées pour le service de l'Hôpital militaire de pendant les mois d 178

SAVOIR.

APPOINTEMENS.

ÉMARGEMENS.	NOMS.	GRADES.	APPOINTEM.s par MOIS.	MONTANT des APPOINTEMENS.	
	....	Aumônier.....	″ᵗᵗ ″ˢ ″ᵈ	″ᵗᵗ ″ˢ ″ᵈ	″ᵗᵗ ″ˢ ″ᵈ
	....	Premier Médecin	166. 13. 4	″ ″ ″	″ ″ ″
	....	Second, *idem*...	150. ″ ″	″ ″ ″	
	....	Premier Chirurgien.	150. ″ ″	″ ″ ″	″ ″ ″
	....	Second, *idem*...	125. ″ ″	″ ″ ″	
	....	Apothicaire-major..	150. ″ ″	″ ″ ″	″ ″ ″
	....	Contrôleur....	125. ″ ″	″ ″ ″	″ ″ ″

De l'autre part . . . . // . // // //

GRATIFICATIONS

ACCORDÉES PAR LA COUR.

Au ſieur Médecin ſurnuméraire	//	//	//	// // //
Au ſieur Chirurgien	//	//	//	
A Infirmier	//	//	//	

DÉPENSES EXTRAORDINAIRES.

A Maçon, pour blanchiſſage de la Salle Saint-Louis	//	//	//	// // //
A Couvreur, pour réparations à la toîture du bâtiment de l'Hôpital...	//	//	//	
A Vitrier, pour *idem*, au vitrage des ſalles	//	//	//	

TOTAL DE LA DÉPENSE pour les mois d . . . . . . // // //

JE ſouſſigné, Directeur de l'Hôpital militaire de certifie le préſent état de Dépenſes véritable, montant à la ſomme de

FAIT à ce du mois d 178

CERTIFIÉ le préſent état véritable, par le ſouſſigné Contrôleur dudit Hôpital.

FAIT à le du mois d 178

VU & vérifié par nous Commiſſaire des guerres, le préſent état

de Dépenſes, ſur les pièces juſtificatives, & arrêté à la ſomme de

FAIT à *le* *du mois d* *178*

VU & vérifié par nous Commiſſaire *du département. A* *le* *du mois d* *178*

HÔPITAL D

MOIS DE JUILLET ET AOÛT 178

ÉTAT des Malad
de deux mois, à l'
& Août de la prése
Restans, de celles
auxquelles on p

S

NOMS DES			GRADES.	MORTS.	SOR no GUÉ
RÉGIMENS.	COMPAGNIES.	MALADES.			
....	....	....	....	.. 1..	....
....	....	....	....	......	. 1
....	....	....	....	......	. 1
....	....	....	....	......	....

NOUS Médecin & Chirurgien-major de l'Hôpit
regarde, les rapports ci-dessus véritables.

FAIT à C

VU par nous Commissaire des guerres cha

N.° 10.

essés & Vénériens morts, sortis non guéris, & restans au-delà al militaire d pendant les mois de Juillet née 178 avec le rapport des maladies & infirmités des nécessité la sortie des Malades sans être guéris, & des causes ribuer la mort de ceux qui sont décédés.

OIR:

...ANT delà e mois.	DESTINATIONS demandées pour ceux qui ont besoin d'un changement d'air.	GENRES de MALADIES.	RAPPORT SOMMAIRE des MALADIES ET INFIRMITÉS.
...	....	Fiévreux......	....
...	....	*Idem.*	....
...	....	Blessés.......	....
1..	....	Vénériens....	....

attestons, chacun en ce qui nous

178

la police dudit Hôpital.